山东省工业用地绩效评估与产业布局优化研究

张　勇　姜怀龙　祝令聚　主编

地质出版社

·北　京·

图书在版编目（CIP）数据

山东省工业用地绩效评估与产业布局优化研究 / 张勇，姜怀龙，祝令聚主编. -- 北京 ：地质出版社，2025. 5. -- ISBN 978-7-116-14209-1

Ⅰ. F429. 9

中国国家版本馆 CIP 数据核字第 20244HY900 号

SHANDONG SHENG GONGYE YONGDI JIXIAO PINGGU YU CHANYE BUJU YOUHUA YANJIU

责任编辑：蔡　莹　郭晓雯
责任校对：王　瑛
出版发行：地质出版社
社址邮编：北京市海淀区学院路 31 号，100083
电　　话：（010）66554608（邮购部）；（010）66554604（编辑室）
网　　址：https：//www. gph. clmpg. com
印　　刷：北京地大彩印有限公司
开　　本：787 mm×1092 mm　1/16
印　　张：8
字　　数：180 千字
版　　次：2025 年 5 月北京第 1 版
印　　次：2025 年 5 月北京第 1 次印刷
审 图 号：鲁 SG（2024）015 号
定　　价：56. 00
书　　号：ISBN 978-7-116-14209-1

《山东省工业用地绩效评估与产业布局优化研究》

编 委 会

前　言

工业用地是产业发展的载体，是支撑制造强国战略、发展实体经济的重要空间基础。山东是工业大省，工业门类齐全、产业体系健全、发展基础雄厚，工业经济在全省经济体系中占比近三分之一。将工业经济摆在更加突出位置，加力提速工业经济高质量发展，是当前和今后一个时期山东经济领域工作的重点。促进工业经济高质量发展，推动工业用地提质增效是关键一招。

工业用地提质增效，重点在促进工业用地节约集约，提升资源利用水平，做好“集约评价”“低效识别”“盘活挖潜”循环利用文章。为全面摸清全省工业用地利用现状、实现工业用地精细化管理，充分挖掘全省工业用地利用潜力、提升工业用地节约集约利用水平，自2019年开始，山东省自然资源厅部署开展了工业用地调查和年度更新工作，旨在摸清全省工业用地的管理信息、用地结构、开发建设、用地单位、投入产出等情况。山东省国土空间规划院作为省级技术支撑单位，完成了对历年调查数据的审核与汇总分析，结合《工业用地集约利用评价技术规范》（DB37/T 4303—2021），开展山东省工业用地绩效评估与产业布局优化研究。

研究从行政区、主体功能区、宗地等多个尺度，建立集“土地利用-效益产出-生产运营-生态环境”因素为一体的工业用地绩效评估指标体系，并以青岛市即墨区、德州高新技术产业开发区为例进行实证。同时，对全省以及开发区、沿黄地区等重点区域的工业行业用地规模及布局情况进行分析总结。研究发现，评估的典型地区工业用地绩效评价总分值较低，主要表现在投入产出经济效益低、综合生态效益较差等方面。全省工业用地存在空间布局分散、传统行业用地占比高、地市间主导产业同质化等问题，未来需要进一步推动产业集群化、链条化发展，提升产业集聚和协同水平，助力产业结构优化升级。

建议以数字山东建设为统领，纵深推进数据要素市场化配置改革，建立健全数据共享共用机制，推动数据部门共享，重点构建“一网通联、全域共享”的政务数据资源体系。通过搭建产业大数据中台，集成国土空间、经济运行、环境监测等领域核心数据资源池，为工业用地全生命周期管理、“亩产效益”精准画像提供动态数据支撑。同步完善数据标准规范与安全体系，打造产业能效评估、用地智能诊断等数字化应用场景，形成“数据驱动-智能分析-精准施策”的产业治理新范式，切实推动传统产业绿色化改造、新兴产业集约化发展，助力山东省在全国率先建成产业用地“数字治理示范区”，为绿色低碳高质量发展先行区建设注入强劲数字动能。

目　　录

第一章　绪　　论

第一节　研究背景和意义

一、研究背景

山东省是经济大省、人口大省，人口密度、国土空间开发强度居全国前列，人地矛盾十分突出。面对经济总量持续增长、发展空间持续约束、新旧动能转换亟待调整的多重压力和严峻形势，适应新时代、新形势、新发展要求，正确应对、及时转型、主动调整资源要素配置方式，通过全面深化改革、创新管理体制，全面推进土地资源节约集约利用已势在必行。

工业用地是建设用地的重要组成部分，是产业发展的基础，工业用地利用程度是事关建设用地节约集约利用的重要一环。近年来，随着山东省工业化的快速推进，工业用地面积增长迅速。2012—2018 年，全省工业用地供应总量为 122.71 万亩[1]，年均供应 17.53 万亩，约占全省年均供地面积的 1/3。工业用地相比于商业、住宅、公共管理与公共服务等其他用地，由于获取成本低、区域招商引资竞争激烈等，更易产生闲置低效、粗放利用等问题，严重制约着山东省的产业转型升级和新旧动能转换。从全省开发区评价结果来看，全省 1443 家开发区典型企业中有近一半存在预留地情况。全省国家级开发区工业用地综合容积率、地均固定资产投资、地均税收等指标远低于东部省份平均水平，甚至低于全国平均水平，工业用地盘活利用和提质增效迫在眉睫。

2018 年，山东省人民政府印发《关于创建国土资源节约集约示范省的实施意见》（鲁政发〔2018〕8 号），提出建立工业项目准入、投入产出绩效等综合评估考核制度，实行产业用地全要素全生命周期管理。2019 年，山东省委办公厅、省政府办公厅印发《关于做好“对标先进”工作的通知》（鲁办发电〔2019〕57 号），提出学习先进、寻找差距、对标赶超的要求。结合山东省实际，对标江苏、浙江两省工业用地调查与管理的先进经验，山东省自然资源厅部署开展了工业用地绩效调查评估工作，这项工作是 2019 年山东省自然资源厅确定的“对标先进”两项工作之一。经过 3 年努力，完成了工业用地初始调查和 2021 年度更新调查工作，摸清了全省工业用地利用情况，形成了全省调查数据库，并在此基础上完成了山东省工业用地绩效评估与产业布局优化研究报告。

---

[1] 1 亩≈666.67 平方米。

二、研究意义

（一）尽快摸清工业用地家底，掌握土地资源禀赋及利用状况，以提升利用效率

一是国土空间开发强度大、新增空间小，土地资源外延式供给难以为继，存量挖潜势在必行。根据第三次全国国土调查（以下简称“三调”）成果，全省国土空间开发强度为20.01%，已超出原土地利用总体规划中18.45%的控制要求。2006—2020年，全省审批新增建设用地522万亩，年均34.8万亩。“十三五”期间，全省建设用地持续保持高位增长态势，净增量约为50万亩/年。2022年，全国自然资源工作会议中提出，下一步指标分配以5年为周期逐步递减，“十四五”比“十三五”递减10%，“十五五”比“十四五”再递减15%，幅度逐步增大。据此测算，山东省“十四五”期间每年能够争取的各类新增建设用地计划指标为30万亩左右，其他20万亩均需要依靠存量挖潜来满足。

二是建设用地产出水平低，工业用地利用效率不高但提升迅速，产业转型升级需要摸清家底。长期以来，山东省经济形成了资源型、重化型产业结构，全省传统产能占工业比例为70%左右，重化工业占传统产业的比例为70%左右，产业层次低、质量效益差、污染排放重。由于区域招商引资竞争激烈、工业用地取得和保有成本低，工业用地粗放利用现象普遍存在，严重制约了山东省的产业转型升级和新旧动能转换，加剧了建设用地供需紧张的矛盾。2019年，全省建设用地地均产出为14.97万元/亩，比全国平均水平（16.15万元/亩）少1.18万元/亩，远低于广东省和浙江省（分别为34.3万元/亩和31.7万元/亩）。山东省开发区建设用地利用强度和产出效益部分关键指标低于全国平均水平（2019年末，工业用地综合容积率：全国0.93、东部地区0.99、山东省0.82；工业用地地均税收：全国45.27万元/亩、东部地区57.62万元/亩、山东省35.86万元/亩），工业企业占地面积大但产出效益低（规模以上企业的户均占地面积分别为江苏省、浙江省、广东省的1.54倍、1.85倍、2.79倍，亩均税收分别为江苏省、浙江省、广东省的77%、51%、35%）。与此同时，山东省工业用地供应量仍保持高位水平，2011—2020年，全省工业用地年均供应量为18.28万亩，占年均建设用地供应总量的30.51%。要实现产业结构调整、转型升级，提升存量工业用地产出水平，亟须摸清工业用地家底。

（二）及时掌握工业用地相关信息，实现自然资源精细化管理，以提升管理水平

长期以来，受管理制度和技术水平限制，山东省对工业用地的管理侧重于新增审批，而轻存量监管，导致家底不清。一是从土地供应管理来看，土地市场动态监测与监管系统于2009年建设启用，对2009年以后的数据实行了严格管理，但缺失2009年之前的存量工业用地信息数据。二是从调查监测体系来看，“三调”中将工业用地作为土地利用类型进行调查，掌握了工业用地的位置、范围、规模、权属性质等利用现状，但需要补充已经批准但尚未开发建设的工业用地的用地审批、土地供应、不动产登记等管理信息，并且对

工业用地的建设状况、用地结构、承载企业和企业投入产出等信息也未开展专项调查。三是实现对工业用地的精细化管理，需要有效整合自然资源、市场监督管理、税务、统计、工业和信息化、生态环境等多个部门的相关管理信息，全面、及时、准确地掌握用地管理信息和企业经营信息，以摸清工业用地家底。

（三）全面掌握工业用地相关信息，完成国家治理体系和治理能力现代化相关改革，为政府决策提供依据

一是政府相关评价考核需要准确的数据支撑。目前开展的开发区综合发展水平评价、“亩产效益”评价改革、城镇土地使用税改革等工作，亟须摸清企业占地情况。二是自然资源系统相关工作需要翔实的数据支撑。例如，国土空间规划编制、开发区调查评价、低效用地再开发目标识别、“标准地”改革相关标准科学设定、建设用地控制标准合理确定、土地储备地块确定，以及未来实现“一码管地”和土地要素全生命周期管理等，都需要翔实的用地信息作为支撑。三是区域产业结构调整和布局优化等重大决策需要全面的数据支撑。工业用地调查可以全面掌握全省、市、县（区）、功能区等不同尺度的工业用地分布和各行业产业用地布局情况，在形成长时间序列的工业用地调查成果后，可以实现对工业企业的动态监管，也可以全面分析区域的行业变化情况，剖析产业发展规律，科学判定区域的产业发展趋势，为科学决策提供支撑。

第二节 研究目标、内容和方法

一、研究目标

全面查清全省工业用地位置、范围、面积、开发利用状况、产权登记、行业类别、投入产出、能耗等情况，建立工业用地利用现状成果数据库，健全工业用地绩效评估体系，为城镇低效用地再开发、更好地发挥政府对土地资源要素配置的调控作用等提供基础数据和决策支撑，推动工业用地利用方式转变和产业结构调整，促进新旧动能转换和全省经济高质量发展。

二、研究内容

以全省工业用地调查数据为基础，从宗地、开发区、县域等不同尺度，研究建立以土地利用、用地效益、生产运营、生态环境等因素为核心的绩效评估指标体系，对全省工业用地利用情况进行评估，对全省及黄河流域等重点区域工业用地布局、行业分布特点及新产业新业态发展情况进行系统分析，并选取典型县和典型开发区进行深入剖析，研究提出山东省区域产业用地布局优化调整策略与建议，为助推新旧动能转换战略实施提供支撑。

（一）开发区尺度工业用地绩效评估指标体系研究

基于工业用地调查成果，研究建立以土地利用状况、用地效益状况、生态环境影响、

生产运营状况等为主要内容的开发区尺度工业用地绩效评估指标体系，综合评价开发区内工业用地的集约利用水平，为开发区产业布局、工业用地绩效提升、开发区土地集约利用评价提供基础数据和决策依据。研究技术路线见图 1-1。

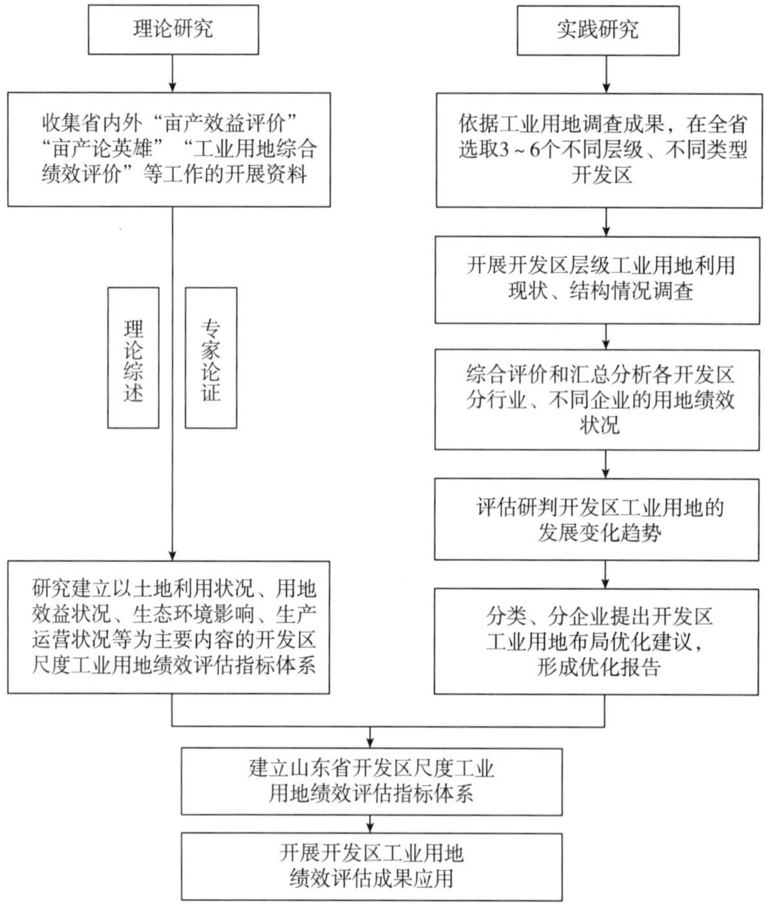

图 1-1　开发区尺度工业用地绩效评估指标体系研究技术路线

（二）县域尺度工业用地绩效评估指标体系研究

以县域行政区为调查评价单元，研究建立包含土地利用状况、用地效益状况、生态环境影响等内容的工业用地绩效指标体系，以典型县为绩效评估对象，综合评价县域工业用地状况，形成典型县工业用地绩效评估报告，促进结构调整和产业转型，实现要素高效利用。研究技术路线见图 1-2。

（三）山东省工业产业布局分析

以全省和 16 个地市为分析单元，剖析山东省各类工业行业用地情况、主导产业用地及 16 个地市的分布情况、省级以上开发区与沿黄重点地区等重要区域工业行业用地情况，提炼工业行业用地特点及存在问题，提出产业用地布局优化建议。

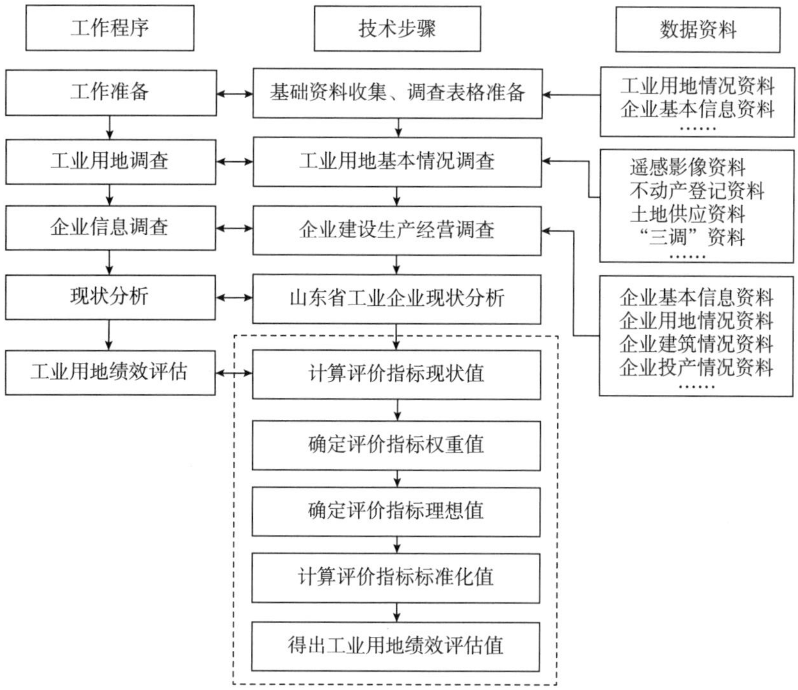

图 1-2 县域尺度工业用地绩效评估指标体系研究技术路线

三、研究方法

（一）文献研究法

充分利用规程、规范、文件、图书、期刊等资料，全面、系统地研究相关文献资料，了解相关研究最新、最前沿的理论研究进展和实践经验。

（二）案例剖析法

针对工业用地绩效评估，选择有代表性的开发区、县域，进行深入剖析，研究探寻或优化调整绩效评估体系建设。

（三）调研学习法

开展广泛调研，学习其他省份工业用地绩效评估指标体系建立的先进经验和方法，针对工作过程中遇到的具体问题探寻解决方案。

（四）定性分析与定量评价相结合的方法

在工业用地绩效评估工作中，赋予每项指标权重以确定综合评价分值，评价过程采用的指标全部为定量指标。在定量评价基础上，采用定性分析方法，对调查、评价结果及其变化情况进行分析。

（五）多因素综合评价法

即运用多个指标对多个参评单位进行评价的方法，基本思想是将多个指标转化为一个能够反映综合情况的指标进行评价。

（六）层次分析法

层次分析法是将一个复杂的多目标决策问题作为一个系统，将目标分解为多个目标或准则，进而分解为多指标（或准则、约束）的若干层次，通过定性指标模糊量化方法算出层次单排序（权数）和总排序，作为目标（多指标）、多方案优化决策的系统方法。层次分析法是将决策问题按总目标、各层子目标、评价准则、具体的备择方案的顺序分解为不同的层次结构，然后用求解判断矩阵特征向量的办法，求得每一层次的各元素对上一层次某元素的优先权重，最后用加权和的方法递阶归并各备择方案对总目标的最终权重，此最终权重最大者即为最优方案。

四、研究创新点

（1）从宗地、开发区、县域多个层面，建立集“土地利用-效益产出-生产运营-生态环境”因素于一体的工业用地绩效评估指标体系，从多尺度、全要素的角度实现工业用地绩效评估的理论和实践创新。

（2）以全省工业用地调查数据为基础，以各类开发区和县级单位为基本载体，从横向和纵向比较视角探明工业用地绩效的类型分化与区域分异规律，为助推新旧动能转换战略实施提供基础数据和技术支撑。

（3）面向黄河流域生态保护和高质量发展战略，系统揭示沿黄河 25 个县（区、市）的工业用地空间分布、建设状况与用途一致性、产业用地结构、利用强度与产出效益等基本特征和一般规律，为沿黄河地区工业用地优化布局、绩效提升、集约利用提供决策依据。

第二章 研究基础

第一节 基本概念

一、工业用地定义

工业用地是指工矿企业的生产车间、装备修理、自用库房及其附属设施用地。

二、工业用地绩效调查内容

工业用地绩效调查内容包括用地管理信息和用地企业信息。其中，用地管理信息包括权属单位、土地性质、批准用途、实际用途、实际占地面积、用地行为发生时间、建设状况、用地结构（厂房及配套用地面积、行政办公与生活服务设施用地面积）、用地强度（总建筑面积、总基底占地面积）、标准厂房建设情况等；用地企业信息包括企业名称、统一社会信用代码、行业类别、销售收入、上缴税费、从业人员、年综合能耗、主要污染物排放当量等。数据调查时点一般为调查当年的 12 月 31 日。

三、数据来源

数据来源主要是收集的相关部门数据和实地调查的数据。其中，用地情况数据依据不动产登记数据、供地信息图斑、“三调”数据及遥感影像图，采用资料判读和图解法确定；建筑情况数据采用图解法、用地单位填报与原始规划数据资料对比、实地走访相结合的方法调查；企业生产经营情况数据以乡镇、企业填报为主，以工业和信息化部门“亩产效益”评价数据为辅。

第二节 国内外研究进展

一、国外研究现状

国外对土地节约集约利用的理论基础进行了卓有成效的研究，大致可划分为 4 类：地租地价理论、土地区位理论、生态经济理论、可持续发展理论。对土地集约利用与地租关系较早进行阐述的是阿朗索，他提出了城市土地竞租模型（阿朗索，2007）。西方经典的地租理论是土地利用的重要理论，可分为古典经济学地租理论、新古典城市地租理论和马克思地租理论3类，主要以威廉·配第、亚当·斯密、大卫·李嘉图、马克思为代表。

威廉·配第（2010）[1] 在《赋税论》中提出，地租是土地上生产的农作物所得的剩余收入，由于土壤肥沃程度和耕作技术水平的差异，以及土地距离市场远近的不同，地租存在差异。亚当·斯密（1972）[2] 在《国民财富的性质和原因的研究》中指出，地租是使用土地的代价，是为使用土地而支付的价格。大卫·李嘉图（1997）[3] 在《政治经济及赋税原理》中指出，地租不是价格的构成部分，也不是价格的原因，而是价格的结果。马克思则依据地租产生的原因和条件，提出级差地租、绝对地租和垄断地租3种形态（朱剑农，1984）。

世界上众多城市都很重视土地集约利用的问题。一些发达国家经历了资源消耗型的工业化发展进程，随着保护生态环境的意识和经济社会可持续发展观念的不断增强及集约利用土地理论的不断完善，开始反思在发展过程中造成的资源浪费，特别是对土地资源造成的浪费和破坏，提出了集约用地的新观念。国外对土地集约利用的研究主要集中在4个方面：一是土地集约利用的理论基础研究；二是土地资源集约利用的评价研究；三是城市土地集约利用的方式方法研究；四是土地政策的分析研究。

在国外为数不多的关于城市工业用地绩效评估的文献中，其研究范围主要聚焦中国。Meng等（2007）从土地利用强度、土地规模、经济收益、社会影响、生态影响等方面，选择多个指标对北京市顺义区的土地利用效率进行了评价。Dan等（2008）从企业的角度建立了土地集约利用水平评价指标体系，在问卷调查的基础上，选择的评价指标包括土地投资强度、地均工业总产值、地均利税、建筑密度、绿地率、行政办公室和居住服务设施面积所占比例，采用多层次分析法确定指标权重，对江苏省常州市、南通市和盐城市的电子机械设备制造业的土地集约利用水平进行评价。

总体上，国外土地集约利用相关问题的研究主要集中在城市规划、土地用途管制、农地保护及土地可持续利用等方面。在实际操作中多以贯彻执行相关标准、法律、法规等为主，也有一些是通过市场机制进行土地资源的有效配置。

二、国内研究进展

（一）工业用地集约利用要素梳理

通过中国知网（CNKI）文献数据库收集工业用地集约利用相关研究文献，其中具有代表性的研究成果汇总如表2-1至表2-9所示。

由研究成果可见，目前关于工业用地集约利用情况的分析视角各有不同，包括从区域层面的宏观分析到典型企业和行业层面的分析。其中，微观层次的宗地尺度研究是当前研究的热点，如有学者分别从江苏省不同发展层次的区域中选取30个行业共计800多个具

[1] 威廉·配第著《赋税论》，马妍译，中国社会科学出版社，2010年出版。

[2] 亚当·斯密著《国民财富的性质和原因的研究》，郭大力，王亚南译，商务印书馆，1972年出版。

[3] 大卫·李嘉图著《政治经济及赋税原理》，郭大力，王亚南译，商务印书馆，1997年出版。

体的企业为目标，构建指标体系以对不同工业行业土地的集约利用状况开展研究；还有学者在问卷调查的基础上，实现了对湖北省 52 家典型食品制造企业的土地集约利用度判别，这些研究在很大程度上推动了工业用地集约利用的研究。

表 2-1　新型城镇化背景下的工业用地集约利用要素体系

目标层	子目标	指标层	单位	指标解释	相关类型
工业用地集约利用评价 A	土地利用强度（B_1）	容积率（X_1）	—	企业总建筑面积与企业用地面积的比值	正向
		建筑系数（X_2）	%	企业建筑基底总面积与企业用地面积的比值	正向
		企业用地密度（X_3）	家/公顷	企业个数与该类企业总用地面积的比值	正向
	就业吸纳程度（B_2）	平均吸纳就业人数（X_4）	人/家	该类企业吸纳劳动力人数与该类企业个数的比值	正向
		地均吸纳就业人数（X_5）	人/公顷	企业吸纳劳动力人数与企业用地面积的比值	正向
	投入产出效益（B_3）	平均固定资产投资额（X_6）	万元/家	该类企业固定资产投资额与该类企业个数的比值	正向
		平均工业总产值（X_7）	万元/家	该类企业工业总产值与该类企业个数的比值	正向
		地均工业固定资产投资额（X_8）	万元/公顷	企业工业固定资产投资与企业用地面积的比值	正向
		地均工业总产值（X_9）	万元/公顷	企业工业总产值与企业用地面积的比值	正向
	生态环境效益（B_4）	企业平均能源消费量（X_{10}）	万吨/年	该类企业能源消费量的平均值	负向
		企业平均工业废水排放量（X_{11}）	万吨/年	该类企业工业废水排放量的平均值	负向

注：工业“三废”只选取“废水排放量”是由于开发区招商引资严把绿色门槛，相当部分企业废气和废渣排放量为零或很低。

资料来源：《中国土地科学》2014 年第 28 卷第 2 期。

表 2-2　资源城市转型期工业用地集约利用要素体系

目标	因素（权重）	指标	单位	AHP	熵权法	权重
工业用地集约利用水平	工业用地投入水平（0.5111）	地均工业固定资产投资	亿元/千米^2	0.2347	0.1021	0.1684
		地均工业电力投入	万千瓦时/千米^2	0.0487	0.0571	0.0529
		地均工业能源投入	万吨/千米^2（标准煤）	0.0832	0.1013	0.0923
		地均工业从业人数	人/千米^2	0.1426	0.1005	0.1216
		地均工业环保投资	万元/千米^2	0.0298	0.1220	0.0759
	工业用地产出水平（0.3011）	地均工业总产值	亿元/千米^2	0.0884	0.1004	0.0944
		地均工业增加值	亿元/千米^2	0.1602	0.1039	0.1321
		地均工业利税	亿元/千米^2	0.0487	0.1005	0.0746

续表

目标	因素（权重）	指标	单位	AHP	熵权法	权重
工业用地集约利用水平	工业用地生态水平（0.1878）	地均工业废水排放量	亿吨/千米^2	0.0883	0.0690	0.0787
		地均工业废气排放量	亿米^3/千米^2	0.0487	0.0722	0.0605
		地均工业固体废物产生量	万吨/千米^2	0.0268	0.0710	0.0486

资料来源：《城市问题》2013 年第 2 期。

表 2-3　基于 ArcGIS 的工业用地集约利用要素体系

评价因素层	评价因子层	评价因子测算方法	权重
土地利用管理（A）	土地闲置率（A_1）	闲置工业用地面积除以工业用地总面积	7
	土地空闲率（A_2）	空闲工业用地面积除以工业用地总面积	7
土地利用效益（B）	土地投资强度（B_1）	工业企业实际投资额除以工业企业用地总面积	16
	地均开票销售额（B_2）	工业企业年开票销售额除以工业企业用地总面积	16
	地均税收（B_3）	工业企业年税收总额除以工业企业用地总面积	16
	地均吸纳就业人数（B_4）	工业企业在岗职工数除以工业企业用地总面积	6
土地利用强度（C）	建筑容积率（C_1）	工业企业建筑物总面积除以工业企业用地总面积	9
	建筑密度（C_2）	工业企业建筑物占地总面积除以工业企业用地总面积	8
	生产性用地比例（C_3）	工业企业生产性用地面积除以工业企业用地总面积	6
	工业企业集聚度（C_4）	工业企业数量除以乡镇土地总面积	9

资料来源：《中国土地科学》2009 年第 23 卷第 8 期。

表 2-4　基于指标性状差异的工业用地集约利用要素体系

目标层	子目标层	指标层	单位	类型
土地利用集约度	土地投入	地均固定资产投资	万元/公顷	正向
		地均劳动力数量	人/公顷	正向
	土地产出	地均工业总产值	万元/公顷	正向
		地均利税	万元/公顷	正向
	土地利用强度	容积率	%	正向
		建筑系数	%	正向
	土地利用结构	绿地率	%	负向
		行政办公与生活设施用地比例	%	负向

资料来源：《资源科学》2015 年第 37 卷第 4 期。

表 2-5　基于 RAGA-AHP 的工业用地集约利用要素体系

子目标	指标	单位	指标解释	类型
开发程度	土地开发率	%	指开发区评价范围内已达到供地条件的土地面积与不可建设土地以外的土地面积之比	正向
	土地供应率	%	指开发区评价范围内已供应国有建设用地面积与已达到供地条件的土地面积之比	正向

续表

子目标	指标	单位	指标解释	类型
开发程度	土地建成率	%	指开发区已建成城镇建设用地面积与已供应国有建设用地面积之比	正向
用地结构	工业用地率	%	指开发区评价范围内已建成工矿用地面积与已建成建设用地面积之比	正向
	高新技术产业用地率	%	指开发区评价范围内已建成高新技术产业用地面积与已建成建设用地面积之比	正向
用地强度	综合容积率	—	指开发区评价范围内已建成城镇建设用地内的总建筑面积与已建成城镇建设用地面积之比	正向
	建筑密度	%	指开发区评价范围内已建成城镇建设用地内的建筑基底总面积与已建成城镇建设用地面积之比	正向
	工业用地综合容积率	—	指开发区评价范围内已建成工矿仓储用地上的总建筑面积与已建成工矿仓储用地面积之比	正向
	工业用地建筑密度	%	指开发区评价范围内已建成工矿仓储用地上的建筑基底总面积与已建成工矿仓储用地面积之比	正向
用地效益	工业用地固定资产投入强度	万元/公顷	指开发区累计工业企业固定资产投资总额与建成工矿仓储用地面积之比	正向
	工业用地产出强度	万元/公顷	指开发区工业总产值与开发区评价范围内已建成工矿仓储用地面积之比	正向
	高新技术产业用地产出强度	万元/公顷	指开发区高新技术产业总产值与开发区评价范围内高新技术产业用地面积之比	正向
资源消耗	单位工业产值建设用地占地	公顷/万元	指开发区评价范围内现有建设用地面积与当年地区生产总值之比	负向
	工业产值增长土地资源消耗系数	公顷/万元	指开发区评价范围内年度批准新增建设用地面积与年度工业产值增加值之比	负向

资料来源：《长江流域资源与环境》2011 年第 20 卷第 11 期。

表 2-6 基于宗地层次的产业用地集约利用要素体系

用地类型	指标	标准值
商业服务业用地	（一定区位下的）建筑密度（r_1）	$0.141\ln\theta+0.806$
	（一定区位下的）容积率（r_2）	$0.061e^{4.661\theta}+0.3$
重工业用地	区位值（θ）	0.2
	建筑物平均层数（s）	4
	建筑密度（d_1）	70%
轻工业用地	区位值（θ）	0.4
	容积率（r_3）	1.5
	建筑密度（d_2）	60%

资料来源：《中国人口·资源与环境》2014 年第 24 卷第 7 期。

表 2-7 基于典型企业的工业用地集约利用要素体系

目标	因素	指标	单位	指标解释	作用类型
土地利用状况	用地结构	厂房及配套用地率（R_1）	%	企业内厂房及配套基础设施用地与企业用地面积之比	正向
		露天堆场及操作场用地率（R_2）	%	企业内露天堆放及操作场用地与企业用地面积之比	负向
	用地强度	容积率（R_3）	—	企业总建筑面积与企业用地面积之比	正向
		建筑密度（R_4）	%	企业建筑基底总面积与企业用地面积之比	正向
		土地闲置率（R_5）	%	企业可开发建设但闲置土地面积与企业用地面积之比	负向
土地利用效益	土地投入	固定资产投入强度（R_6）	万元/公顷	企业累计固定资产投资总额与企业用地面积之比	正向
		劳动投入强度（R_7）	人/公顷	企业职工人数与企业用地面积之比	正向
	土地产出	地均工业产值（R_8）	万元/公顷	企业工业产值与企业用地面积之比	正向
		地均利税（R_9）	万元/公顷	企业利税与企业用地面积之比	正向

资料来源：《自然资源学报》2013 年第 28 卷第 1 期。

表 2-8 不同行业的工业用地集约利用要素体系

目标	子目标	指标	单位	指标解释	作用类型
土地集约利用程度	用地结构	厂房及配套设施用地比例	%	指企业内厂房及配套设施用地与企业总用地面积之比	正向
		行政办公与生活设施用地比例	%	指企业内行政办公与生活设施用地与企业总用地面积之比	负向
		道路、停车场用地比例	%	指企业内道路和停车场用地与企业总用地面积之比	负向
		绿地用地比例	%	指企业内绿地面积与企业总用地面积之比	负向
	用地强度	容积率	—	指企业总建筑面积与企业总用地面积之比	正向
		建筑密度	%	指建筑物、构筑物和堆场用地面积与企业总用地面积之比	正向
	用地投入	固定资产投入强度	万元/公顷	指企业累计固定资产投资总额与企业用地面积之比	正向
		劳动投入强度	人/公顷	指企业职工人数与企业总用地面积之比	正向
	用地产出	地均工业产值	万元/公顷	指企业总产值与企业总用地面积之比	正向
		地均利税	万元/公顷	指企业利税与企业总用地面积之比	正向

资料来源：《经济地理》2017 年第 37 卷第 5 期。

表 2-9　不同行业类型的工业用地集约利用要素体系

目标	因素	指标	指标解释	类型	单位	权重
土地利用状况	用地结构	厂房及配套设施用地率	企业内厂房及配套设施用地面积与企业用地面积之比	正向	%	0.1647
		办公及服务设施用地率	企业办公及服务设施用地与企业用地面积之比	负向	%	0.0332
		露天堆场及操作场用地率	企业露天堆场及操作场用地与企业用地面积之比	负向	%	0.0496
	用地强度	容积率	企业总建筑面积与企业用地面积之比	正向	—	0.1727
		建筑密度	建筑基底面积与企业用地面积之比	正向	%	0.0948
		预留用地率	企业预留用地面积与企业用地面积之比	负向	%	0.0349
土地利用效益	土地投入	固定资产投入强度	企业累计固定资产投资额与企业用地面积之比	正向	万元/公顷	0.0809
		劳动投入强度	企业职工人数与企业用地面积之比	正向	人/公顷	0.0997
	土地产出	地均工业产值	企业工业产值与企业用地面积之比	正向	万元/公顷	0.1614
		地均利税	企业利税总额与企业用地面积之比	正向	万元/公顷	0.1082

资料来源：《地域研究与开发》2016 年第 35 卷第 3 期。

从不同研究视角构建的工业用地集约利用表征要素来看，其目标层都是土地集约利用程度；子目标或因素层一般包括用地结构、用地强度、土地投入和土地产出 4 个方面，也有研究将土地生态环境效益、资源消耗和吸纳就业程度作为子目标，基本体现了土地资源子系统、人口系统、社会经济子系统和生态环境子系统的相关要素。指标或要素层的研究共涉及 30 多项指标，按照各项指标出现的频次，用地强度方面主要包括综合容积率、建筑密度、工业用地容积率、工业用地建筑密度、土地开发率、土地供应率和土地建成率等要素，其中综合容积率和建筑密度几乎在每篇文献中都有出现，在所有要素中使用频次最多；用地结构方面主要包括工业生产性用地、行政办公与生活设施用地、绿地、土地闲置、土地空闲、露天堆场及操作场用地、道路停车场用地、高新技术产业用地和预留地等各类用地的面积比例，其中，工业生产性用地比例和行政办公与生活设施用地比例出现频次相对较多；用地布局主要包括企业集聚度和区位条件两个要素，且出现频次只有 1 次；土地投入方面主要包括地均工业固定资产投资、地均吸纳就业人数、地均工业环保投资额、地均工业电力投入、地均工业能源投入和地均产值耗地面积等要素，其中，涉及社会经济子系统的地均工业固定资产投资、地均吸纳就业人数要素使用频次很高，而关于生态环境子系统的各项要素仅出现 1 次，对此考虑还有所欠缺；土地产出方面主要包括地均工业总产值、地均工业增加值、地均营业收入、高新技术产业产出强度、地均工业废水排放量、地均工业废气排放量、地均工业固体废弃物产出量等要素，其中，关于社会经济子系统的地均工业总产值、地均工业增加值要素出现频次较高，同样，关于生态环境子系统的各项要素仅出现 1 次，对此考虑也有所欠缺（图 2-1）。

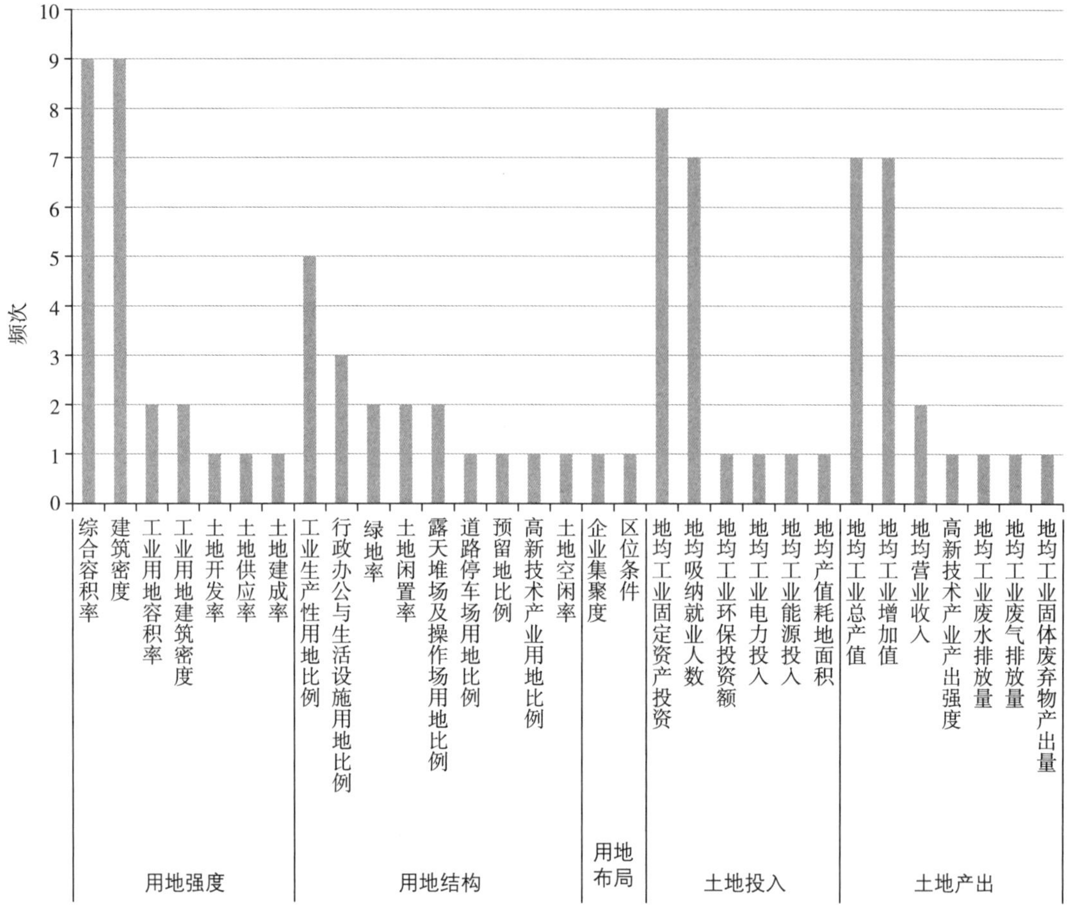

图 2-1　工业用地集约利用要素频次统计

从时间尺度来看，现有的定量研究大多数以截面数据为基础数据进行单一时点的研究分析，利用具有一定延续性的时序数据进行工业用地集约利用的动态变化研究较少。

（二）技术规程中的工业用地集约利用要素体系

目前，与土地集约利用相关的技术规范主要包括《开发区土地集约利用评价规程》（TD/T 1029—2010）和《全国城市建设用地节约集约利用评价操作手册》，其对工业用地集约利用要素给出了指导性框架体系。

1.《开发区土地集约利用评价规程》中的工业用地集约利用要素体系

从《开发区土地集约利用评价规程》设定的工业用地集约利用要素体系来看，其目标层包括土地利用状况、用地效益和管理绩效 3 个层次，同时下设土地利用程度、用地结构状况、土地利用强度、产业用地投入产出效益和土地利用监管绩效 5 个子目标，指标层包含 10 项要素（表 2-10）。该要素体系与本研究构建的理论体系基本相符，尤其体现在土地利用运行与监管方面。

表 2-10 《开发区土地集约利用评价规程》中的工业用地集约利用要素体系

目标	子目标	指标			
		主区	指标属性	发展方向区	指标属性
土地利用状况（A）	土地利用程度（A1）	土地供应率（A11）	正向相关	土地开发率（A13）	正向相关
		土地建成率（A12）	正向相关		
	用地结构状况（A2）	工业用地率（A21）	正向相关	工业用地率（A21）	正向相关
	土地利用强度（A3）	综合容积率（A31）	正向相关	综合容积率（A31）	正向相关
		建筑密度（A32）	正向相关	建筑密度（A32）	正向相关
		工业用地综合容积率（A33）	正向相关	工业用地综合容积率（A33）	正向相关
		工业用地建筑系数（A34）	正向相关	工业用地建筑系数（A34）	正向相关
用地效益（B）	产业用地投入产出效益（B1）	工业用地固定资产投入强度（B11）	正向相关	工业用地固定资产投入强度（B11）	正向相关
		工业用地地均税收（B12）	正向相关	工业用地地均税收（B12）	正向相关
管理绩效（C）	土地利用监管绩效（C1）	土地闲置率（C11）	负向相关	土地闲置率（C11）	负向相关

资料来源：《开发区土地集约利用评价规程》（TD/T 1029—2010）。

将该体系与上述的研究文献梳理结果比较来看，两者具有高度的相关性。其中，土地利用强度中的综合容积率、建筑密度要素，产业用地投入产出效益中的工业用地固定资产投入强度、工业用地地均税收要素，用地结构状况中的工业用地率要素在研究文献中的出现频次极高；同时，土地利用程度中的土地供应率、土地建成率要素，土地利用强度中的工业用地综合容积率、工业用地建筑系数要素，土地利用监管绩效中的土地闲置率要素在研究文献中也有出现，但频次不高；另外，关于工业用地吸纳就业人数、工业用地内部结构的行政办公与生活设施用地面积比例、绿地面积比例以及工业用地的能源与环境保护投入和产生的影响等要素在《开发区土地集约利用评价规程》中没有体现，即《开发区土地集约利用评价规程》的工业用地集约利用要素体系对应本研究构建的 5 个子系统中的社会子系统和生态环境子系统要素尚未体现。

2. 《全国城市建设用地节约集约利用评价操作手册》中的工业用地集约利用要素体系

从《全国城市建设用地节约集约利用评价操作手册》设定的工业功能区土地集约利用要素体系来看，其目标层为工业功能区土地集约利用程度，下设 5 个指标，分别是综合容积率、建筑密度、单位用地固定资产总额、单位用地工业总收入和基础设施完备度（表 2-11）。该要素体系相对简单，前 4 项指标在《开发区土地集约利用评价规程》中均有体现，不同的是特别设定了一项基础设施完备度指标，该指标用来表达区域的水、电、路等基础设施的配套程度。该要素体系侧重于土地集约利用系统的土地、经济和环境子系统要素，关于社会子系统和运行子系统方面的要素尚未体现。

表 2-11 《全国城市建设用地节约集约利用评价操作手册》中的工业用地集约利用要素体系

目标	指标	指标含义	单位	指标属性	选择要求
工业功能区土地集约利用程度	综合容积率	工业功能区内的各类建筑总面积/工业功能区土地面积	万米^2/公顷	正向	必选
	建筑密度	工业功能区内的各类建筑基底面积/工业功能区土地面积	万米^2/公顷	适度	必选
	单位用地固定资产总额	工业功能区内的工业（物流）企业固定资产原价/工业功能区土地面积	万元/公顷	正向	必选
	单位用地工业总收入	工业功能区内的工业（物流）企业总收入/工业功能区土地面积	万元/公顷	正向	必选
	基础设施完备度	指工业功能区的水、电、路等基础设施的配套程度	—	正向	必选

三、研究现状分析

通过研究现状的归纳可以看出，国外研究注重土地集约利用的基础理论研究，而国内的城市土地集约利用研究主要集中在土地集约利用的相关理论和内涵研究、城市土地集约利用的评价研究及城市土地集约利用途径和区域实践研究。但当前的研究还存在以下 3 个问题：

（1）研究内容单一，集约利用评价多集中在开发区土地。

（2）研究方法单一，多为建立评价指标体系进行打分，计算集约度分值。

（3）对评价成果如何应用的探讨较少。

因此，在当前研究的前提下，丰富研究内容和方法，并进一步探讨如何应用评价的成果具有实用价值。

第三章　工业用地绩效评估指标体系研究

第一节　开发区工业用地绩效评估指标体系研究

一、典型案例研究

（一）广州市工业用地绩效评估

根据《广州市人民政府办公厅关于印发广州市工业用地项目土地利用绩效评估办法（试行）的通知》（穗府办规〔2020〕5号），广州市土地利用绩效评估坚持加强监管、主动服务、高效便捷的原则推进实施。工业用地项目土地利用绩效评估的具体内容包括通过健全项目准入、土地供应、综合效益评估、土地使用权退出等机制，将工业用地项目约束性指标和监管要求列入土地供应合同中管理，分别在开竣工、达产（达产评估）、达产后每3~5年（过程评估）、出让年期到期前1年（到期评估）等阶段依据合同进行评估，根据评估结果实施动态管理，实现工业用地项目土地利用管理的系统化、精细化、动态化。

1. 评估环节

（1）工业用地供应后，由相关管理部门与土地竞得人签订《项目投入产出监管协议》，约定开工、投达产等各阶段目标条件，作为监管依据。

（2）在开竣工、达产、达产后每3~5年、出让年期到期前1年等阶段，按照《项目投入产出监管协议》进行土地利用绩效评估，并根据土地利用绩效评估结果对工业用地项目实施精细化、动态化管理。

根据《广州市产业用地指南（2018年版）》及产业发展规划等要求，建立工业项目准入控制指标并编制准入表（表3-1），进行项目用地准入审查，审查的内容包括项目是否符合产业政策、选址推荐是否符合广州市产业用地布局指南、用地指标是否符合指南规定的工业项目控制指标要求等。

表3-1　广州市工业用地绩效评估主要控制指标

目标	子目标	指标名称	属性
土地利用现状	用地结构状况	绿地率	负向
		行政办公与生活服务设施用地所占比例	负向
	土地利用强度	容积率	正向
		建筑系数	正向

续表

目标	子目标	指标名称	属性
用地效益	综合用地效益	投资强度	正向
		土地产出率	正向
		科技率	正向
生态影响	综合生态效益	产值能耗	负向

2. 相关部门职责

（1）区工业部门对工业用地项目产业类型、产品及产能要求、土地产出率等提出建议、相关标准及相应的监管措施。

（2）区发展改革部门对工业用地项目是否符合产业政策、投资强度等提出建议、相关标准及相应的监管措施。

（3）区规划和自然资源部门对工业用地项目容积率、建筑系数、绿地率、行政办公与生活服务设施用地所占比例、用地指标、开工时间、竣工时间等提出建议、相关标准及相应的监管措施。

（4）区招商部门会同园区管理机构对工业用地项目投产时间、达产时间、达产税收总额、税收产出率等提出建议和相关时限、标准及相应的监管措施。

（5）区科技部门对工业用地项目科技率提出建议、相关标准及相应的监管措施。

（6）区生态环境部门对工业用地项目产值能耗、环境影响及治理措施提出建议、相关标准及相应的监管措施。

（7）区应急管理部门对工业用地项目安全生产提出建议、相关标准及相应的监管措施。

3. 评估程序

（1）在各评估阶段，区政府相关部门或园区管理机构通过多部门信息共享、协同管理，充分利用大数据等现代信息技术及时掌握工业用地项目进展情况及指标完成情况，必要时可由工业用地项目业主提交自评报告及相关资料。

（2）区政府相关部门或园区管理机构组织提出监管关联条件的部门及相关单位对实际情况进行摸查核实，必要时可书面征求相关单位意见。

（3）由提出监管关联条件的部门出具指标评估结论，由区政府相关部门或园区管理机构汇总出具总体评估结果。

（4）市工业和信息化部门牵头负责建立全市统一的工业用地数据库和土地全生命周期管理信息共享平台，将工业用地的经济、社会、环境指标以及土地使用条件、利用绩效等履约情况纳入共享平台，通过多部门信息共享、协同管理，建立动态实时的监管机制，实现土地利用绩效数据与市工业和信息化部门企业与园区数据库、市税务部门企业信息数据库、市市场监管部门工商登记数据库等已有的数据进行信息共享或整合，构建产业、空间、管理于一体的信息数据库，实现全程一体化管理。

4. 评估指标体系

根据企业的类型和规模，为各类企业安排符合单位规模的合理用地数量，包含企业生产、生活、行政办公、露天堆场和绿化等用地（表3-2）。

表 3-2 广州市工业用地准入指标控制表

产业园区管委会或区工业部门（盖章）： 报送时间：

<table>
<tr><td rowspan="4">拟供地
地块情况</td><td>地块位置</td><td colspan="2"></td><td>选址是否符合我市
产业用地布局指南</td><td colspan="2"></td></tr>
<tr><td>该地块报征
批次及获批文号</td><td colspan="5"></td></tr>
<tr><td>地块四至范围</td><td colspan="2"></td><td>用地面积/亩</td><td colspan="2"></td></tr>
<tr><td>规划条件</td><td colspan="2"></td><td>供地方式及年限</td><td colspan="2"></td></tr>
<tr><td rowspan="5">项目情况</td><td>项目产业类别</td><td colspan="2"></td><td>是否符合产业政策</td><td colspan="2"></td></tr>
<tr><td>产品及产能要求</td><td colspan="2"></td><td>安全生产要求</td><td colspan="2"></td></tr>
<tr><td>达产税收总额/
万元</td><td colspan="2"></td><td>税收产出率/
（万元・亩$^{-1}$）</td><td colspan="2"></td></tr>
<tr><td>开工时间</td><td colspan="2"></td><td>竣工时间</td><td colspan="2"></td></tr>
<tr><td>投产时间</td><td colspan="2"></td><td>达产时间</td><td colspan="2"></td></tr>
<tr><td rowspan="6">用地控制
指标</td><td>用地指标</td><td>项目指标</td><td>是否符合指南指标
（是/否）</td><td>用地指标</td><td>项目指标</td><td>是否符合指南
指标（是/否）</td></tr>
<tr><td>投资强度</td><td></td><td></td><td>容积率</td><td></td><td></td></tr>
<tr><td>建筑系数</td><td></td><td></td><td>绿地率</td><td></td><td></td></tr>
<tr><td>行政办公与
生活服务设施
用地所占比例</td><td></td><td></td><td>环境影响及治理措施</td><td></td><td></td></tr>
<tr><td>土地产出率</td><td></td><td></td><td>科技率</td><td></td><td></td></tr>
<tr><td>产值能耗</td><td></td><td></td><td></td><td></td><td></td></tr>
</table>

区政府审查意见：

（盖章）
年 月 日

市土地管理委员会审议意见（限制类工业用地）：

（盖章）
年 月 日

填报人： 职务： 联系电话：

（1）绿地率：规划建设用地范围内的绿地面积与规划建设用地面积之比。

$$绿地率 = 规划建设用地范围内的绿地面积 \div 项目总用地面积 \times 100\% \quad (3-1)$$

（2）行政办公与生活服务设施用地所占比例：项目用地范围内行政办公、生活服务设施占用土地面积（或分摊土地面积）占总用地面积的比例。

$$行政办公与生活服务设施用地所占比例 = 行政办公、生活服务设施占用土地面积 \div 项目总用地面积 \times 100\% \quad (3-2)$$

当无法单独计算行政办公与生活服务设施占用土地面积时，可采用行政办公与生活服务设施建筑面积占总建筑面积的比例计算得出分摊土地面积代替。

（3）容积率：项目用地范围内总建筑面积与项目总用地面积的比值。

$$容积率 = 总建筑面积 \div 项目总用地面积 \tag{3-3}$$

（4）建筑系数：项目用地范围内各种建筑物、用于生产和直接为生产服务的构筑物占地面积占项目总用地面积的比例。

$$建筑系数 =（建筑物占地面积 + 构筑物占地面积 + 堆场用地面积）\div 项目总用地面积 \times 100\% \tag{3-4}$$

（5）投资强度：项目用地范围内单位面积固定资产投资额。

$$投资强度 = 固定资产总投资 \div 项目总用地面积 \tag{3-5}$$

式中：固定资产总投资包括厂房、设备和地价款。

（6）土地产出率：项目用地范围内单位土地面积上的产值。反映单位土地上项目的产出情况，是衡量土地利用效率、投资效益的重要指标。

$$土地产出率 = 年工业总产值 \div 项目总用地面积 \tag{3-6}$$

（7）科技率：包括 R&D（科学研究与试验发展）人员投入比例、R&D 经费投入强度、新产品销售收入比例 3 个指标。

R&D 人员投入比例：R&D 人员与从业人员的比值。

$$R\&D 人员投入比例 = R\&D 人员 \div 从业人员 \times 100\% \tag{3-7}$$

R&D 经费投入强度：企业 R&D 经费与主营业务收入的比值。

$$R\&D 经费投入强度 = R\&D 经费 \div 主营业务收入 \times 100\% \tag{3-8}$$

新产品销售收入比例：新产品销售收入与主营业务收入的比值。

$$新产品销售收入比例 = 新产品销售收入 \div 主营业务收入 \times 100\% \tag{3-9}$$

（8）产值能耗：万元工业总产值的耗能量，是工业能源消耗总量与工业总产值的比值，以吨/万元（标准煤）表示。

$$产值能耗 = 工业能源消耗总量 \div 工业总产值 \tag{3-10}$$

（二）江苏省工业用地绩效评估

根据《江苏省政府办公厅印发关于开展工业企业资源集约利用综合评价工作指导意见（试行）的通知》（苏政办发〔2017〕143 号），江苏省开展工业企业资源集约利用综合评价。

1. 江苏省工业用地绩效评估标准

江苏省各市、县（区）结合本地区发展水平科学制定评价标准，对规模以上的工业企业建立以亩均税收、亩均销售收入、单位能耗税收 3 项指标为重点的评价指标体系，对用地 3 亩及以上的规模以下工业企业建立以亩均税收、亩均销售收入、单位电耗税收 3 项指标为重点的评价指标体系，对重点排污工业企业建立以亩均税收、亩均销售收入、单位电耗税收、单位主要污染物税收 4 项指标为重点的评价指标体系。在上述指标基础上，各地既要考虑行业（细分产品）因素，还要考虑企业发展阶段，可对社会贡献、研发投入、发明专利、技术创新、质量品牌、行业排名、节能减排、安全生产等设立加分项或扣分项。同时，结合实际，对当地经济稳增长促转型贡献大、创新驱动示范作用明显的企业、初创企业等有关情况做出特殊规定。

企业综合评价得分=∑（企业各指标值÷基准值）×指标权重+地方加分项或扣分项。各地可根据上述基本方法，自行确定各项指标的基准值和权重。根据企业综合评价得分高低排序，将企业分为A、B、C、D 4类：A类为优先发展类，是指资源占用产出高，经营效益好，税收贡献大的企业；B类为鼓励提升类，是指经营效益较好，但发展水平有待进一步提升的企业；C类为监管调控类，是指效益与贡献相对较差，需要进行倒逼提升的企业；D类为落后整治类，是指发展水平落后，综合效益差，需要重点整治的企业。各地要根据实际，分行业进行分析评价，合理确定不同行业各类企业的比例。原则上每年度进行一次综合评价，并按评价得分调整上年度分类。

充分利用省级、市级电子政务外网建设前期成果，建立全省统一的工业企业资源集约利用综合评价系统，汇集存储企业资源集约利用数据信息，作为全省工业企业资源集约利用数据信息交换、存储、查询、利用的枢纽。省级、市级工业企业资源集约利用综合评价系统分别部署应用在省级、市级政务云平台，并通过省级、市级政务云实现省级、市级工业企业资源集约利用综合评价系统的对接互联。省级制定全省统一的工业企业资源集约利用综合评价系统软件开发标准体系和接口规范，统一对软件开发组织招标采购，并配发给各设区市进行部署使用。同时组织开发包括汇总、查询以及其他所需数据处理功能的省级汇总软件系统。各地可结合本地企业综合评价工作的具体实施办法，在全省统一的地方工业企业资源集约利用综合评价系统软件基础上进行二次开发利用，自行设置指标权重、基准值，以及相关加分项或扣分项。

1）指标解释

（1）实缴税金：指企业实际缴纳入库且与持续经营有关的增值税（实际入库数+免抵数-出口退库以外的其他退库数）、消费税、企业所得税、个人所得税、城市维护建设税、房产税、城镇土地使用税、土地增值税、印花税、车船税、资源税、教育费附加、地方教育附加等税费，不包括契税、耕地占用税、车辆购置税、委托代征税款及滞纳金和罚款等。

（2）占地面积：指企业实际占用的土地面积。

（3）销售收入：指企业在国税部门增值税纳税申报表中确认的销售商品、提供劳务等业务的收入。

（4）总能耗：指企业生产和非生产活动消耗的能源总量。工业生产活动消耗能源包括作为燃料、动力、原料、辅助材料使用的能源，生产工艺中使用的能源和用于能源加工转换的能源。

（5）总电耗：指企业生产和非生产活动用电量。

（6）主要污染物排放总当量：指企业化学需氧量、氨氮、二氧化硫、氮氧化物等指标排放当量之和。污染物当量数=污染物排放量÷污染物当量值。

2）计算公式

$$\text{亩均税收} = \text{实缴税金} \div \text{占地面积} \tag{3-11}$$

$$\text{亩均销售收入} = \text{销售收入} \div \text{占地面积} \tag{3-12}$$

$$单位电耗税收 = 实缴税金 \div 总电耗 \quad (3-13)$$

$$单位能耗税收 = 实缴税金 \div 总能耗 \quad (3-14)$$

$$单位主要污染物税收 = 实缴税金 \div 主要污染物排放总当量 \quad (3-15)$$

2. 江苏省苏州市工业企业综合评价标准

根据苏州市工业和信息化局《关于进一步深化工业企业资源集约利用综合评价改革的实施方案》，苏州市工业企业综合评价指标及权重如表3-3所示。

表3-3 江苏省苏州市工业企业综合评价主要控制指标及权重

子目标	最高评分	指标名称	最高评分	备注
集约指标	65分	亩均税收	25分	
		亩均增加值	25分	
		亩均销售收入	10分	
		全员劳动生产率	5分	
创新指标	10分	创新主体培育	2分	
		研发机构建设	2分	
		科技人员占比	1分	
		研发经费占销售收入比例	3分	
		研发经费增幅	1分	
		科技项目承担能级	1分	
绿色指标	15分	单位能耗增加值	10分	
		单位污染物排放增加值	5分	
融合指标	10分	信息化	1分	各分项指标得分不超过最高评分标准；融合指标总分值不超过10分
		智能化	2分	
		专精特新	2分	
		服务型制造	2分	
		质量	5分	
		标准	2分	
		环保信用	1分	
		安全生产标准化	2分	
		节水载体	1分	
		人才支撑	1分	
		非公党建	1分	

1）集约指标（65分）

主要评价企业资源集约利用水平。其中：亩均税收25分、亩均增加值25分、亩均销售收入10分、全员劳动生产率5分。

2）创新指标（10分）

主要评价企业科技创新发展水平。其中：创新主体培育2分、研发机构建设2分、科技人员占比 1 分、研发经费占销售收入比例 3 分、研发经费增幅 1 分、科技项目承担能级 1 分。具体如下：

（1）创新主体培育：国家高新技术企业 2 分，江苏省高新技术企业培育库企业、苏州市级高新技术企业、苏州市高新技术企业培育库企业 1 分。

（2）研发机构建设：建有国家级研发机构 2 分，建有省级研发机构 1 分，建有市级研发机构 0.5 分。

（3）科技人员占比：企业从事研发和相关技术创新活动的科技人员占企业当年职工总数的比例不低于 10% 的得 1 分，低于 10% 的不得分。

（4）研发经费占销售收入比例：年度销售收入小于 5000 万元（含）的企业，企业研发经费占对应年度销售收入比例不低于 5% 的得 3 分，5% 以下的按比例得分；年度销售收入在 5000 万元至 2 亿元（含）的企业，企业研发经费占对应年度销售收入比例不低于 4% 的得 3 分，4% 以下的按比例得分；年度销售收入在 2 亿元以上的企业，企业研发经费占对应年度销售收入比例不低于 3% 的得 3 分，3% 以下的按比例得分。

（5）研发经费增幅：企业研发经费增幅 20% 及以上且金额占对应年度销售收入比例不低于 2% 的得 1 分，0% ~20% 增幅的按比例得分。

（6）科技项目承担能级：企业新承担科技系统省级及以上科技项目 1 分，新承担市级科技项目 0.5 分。

3）绿色指标（15 分）

主要评价企业绿色发展相关情况。其中：单位能耗增加值 10 分、单位污染物排放增加值 5 分。

4）融合指标（10 分）

主要评价企业信息化和智能化融合、制造业与服务业融合，以及质量、标准、安全生产、节水、人才、党建等融合发展情况。累计得分超过 10 分的按 10 分计分。具体如下：

（1）信息化：省级以上工业互联网应用企业 1 分、省级以上星级上云企业 1 分。

（2）智能化：省级智能工厂 2 分、市级智能工厂 1 分；省级示范智能车间 1 分、市级示范智能车间 0.5 分；省级认定首台套 1 分。

（3）专精特新：国家级专精特新企业 2 分，省级专精特新企业 1 分，市级专精特新企业 0.5 分。

（4）服务型制造：国家级服务型制造示范企业 2 分，省级服务型制造示范企业 1 分，市级服务型制造示范企业 0.5 分。

（5）质量：中国质量奖 5 分、中国质量奖提名奖 3 分，江苏省质量奖 2 分，江苏省质量管理优秀奖 1.5 分，苏州市市长质量奖 1 分，苏州市质量管理优秀奖 0.5 分、苏州市质量奖 0.5 分。

（6）标准：作为第一起草人制定国际标准 2 分、国家标准 1 分、行业标准 0.5 分；参与制订国际标准 1 分、国家标准 1 分、行业标准 0.5 分。

（7）环保信用：绿色企业 1 分、蓝色企业 0.5 分。

（8）安全生产标准化：通过一级评审 2 分，通过二级评审 1 分，通过三级评审 0.5 分。

（9）节水载体：省级节水型企业 1 分；合同节水项目、市级以上水效领跑者、市级以上节水改造示范项目 0.5 分。

（10）人才支撑：引进符合省“双创人才”以上人才计划条件人才的企业 1 分，引进符合市“姑苏创新创业领军人才”条件人才的企业 0.5 分。

（11）非公党建：非公党建“四个一”工程建设中获评企业 1 分。

3. 江苏省南京市工业企业综合评价标准

根据《南京市工业企业资源集约利用绩效综合评价办法（试行）》，南京市工业企业资源集约利用绩效综合评价体系不仅包括评价指标项，还设置了特殊加分项，具体如表 3-4 所示。

表 3-4 南京市工业企业资源集约利用绩效综合评价指标

企业类型	指标名称	权重
一般企业	亩均税收	0.3
	亩均销售收入	0.3
	单位电耗税收	0.2
	单位能耗销售收入	0.2
重点排污企业	亩均税收	0.2
	亩均销售收入	0.2
	单位电耗税收	0.1
	单位能耗销售收入	0.1
	单位主要污染物税收	0.4

加分项包括：

（1）安全生产标准化：通过一级评审的得 2 分，通过二级评审的得 1 分，通过三级评审的得 0.5 分。

（2）节能减排：重点用能企业超额完成年度节能控煤目标 10% 以上的加 1 分。

（3）排放量：污染企业两项（含）以上主要污染物较上年削减 50% 以上的加 3 分，一项主要污染物排放比上年减少 50%（含）以上的加 2 分，一项主要污染物排放比上年减少 20%（含）~50% 的加 1 分。

（4）发明专利：评价年度内取得发明专利授权的得 1 分。

（三）浙江省“亩均论英雄”改革项目

2019 年，《浙江省商务厅关于印发〈浙江省经济开发区“亩均效益”领跑行动计划〉的通知》（浙商务发〔2019〕7 号）指出，开发区建立“亩均效益”评价体系。指标体系按照《浙江省人民政府关于深化“亩均论英雄”改革的指导意见》（浙政发〔2018〕5 号）精神和内容实质进行设置，依托省“亩均论英雄”大数据平台共享机制，建立科学公正可操作的开发区“亩均效益”评价体系。现阶段拟围绕土地、能耗、排放和人力等生产要素的投入产出比，设置以开发区内规模以上工业企业为主的“亩均效益”评价体系，并在实践中进一步推进部门数据共享和指标体系完善，适时向开发区内规模以下工业企业和规模以上服务业企业等拓展。目前，指标体系由亩均税收、亩均增加值、全员劳动生产率、研究与试验发展经费支出占主营业务收入比例、单位能耗增加值和单位排放增加值 6 项指标构成，总权重 1.00，详见表 3-5。

表 3-5　浙江省开发区“亩均效益”评价体系

排序	指标名称	单位	权重
1	亩均税收	万元	0.30
2	亩均增加值	万元	0.25
3	全员劳动生产率	万元/（人·年）	0.15
4	研究与试验发展经费支出占主营业务收入比例	%	0.10
5	单位能耗增加值	万元/吨（标准煤）	0.10
6	单位排放增加值	万元/吨	0.10

1. 指标解释

1）亩均税收

亩均税收 = 规模以上工业企业税收实际贡献 / 规模以上工业企业用地面积　（3-16）

式中：规模以上工业企业税收实际贡献为开发区范围内规模以上工业企业主要税费实际入库数（包含免抵调库税额），不包括关税和海关代征的其他税收；规模以上工业企业用地面积以依法取得为前提、实际占用为原则，为年末企业实际占用的土地面积。

用地面积 = 已登记用地面积 + 承租用地面积 - 出租用地面积　（3-17）

式中：已登记用地面积为企业经自然资源主管部门登记的土地面积；承租用地面积为企业依法租赁取得的实际用地面积，若企业租赁标准厂房或无法准确计算用地面积，则根据企业租赁的建筑面积与容积率之比计算企业租赁的用地面积；出租用地面积为工业企业依法将自用土地或厂房出租给其他企业的用地面积。经批准的项目新增土地面积在 2 年建设期、1 年过渡期内可不计入用地面积。

2）亩均增加值

亩均增加值 = 规模以上工业企业增加值 / 规模以上工业企业用地面积　（3-18）

3）全员劳动生产率

全员劳动生产率 = 规模以上工业企业增加值 / 规模以上工业企业年平均职工人数　（3-19）

式中：年平均职工人数为企业年度平均从业人员数。

4）研究与试验发展经费支出占主营业务收入比例

研究与试验发展经费支出占主营业务收入比例 = 规模以上工业企业研究与试验发展经费支出 / 规模以上工业企业主营业务收入　（3-20）

式中：研究与试验发展经费支出为研究与试验发展内部经费支出；主营业务收入为企业确认的销售商品、提供劳务等主营业务的收入。

5）单位能耗增加值

$$单位能耗增加值 = 规模以上工业企业增加值 / 规模以上工业企业综合能耗 \quad (3-21)$$

6）单位排放增加值

$$单位排放增加值 = 规模以上工业企业增加值 / 主要污染物排放量 \quad (3-22)$$

2. 主要计算公式

指标权值计算公式为：

$$指标权值 = 指标数值系数 \times 权数$$

$$指标数值系数 = (A_{ij} - \min A_i)/(\max A_i - \min A_i) \times 100\% \quad (3-23)$$

式中：i 为某项指标；j 为某一开发区；A 为该指标的实际值；$\max A_i$ 和 $\min A_i$ 分别为 i 指标的最大值和最小值。

二、研究文献综述

为探索工业用地绩效评估体系，提高评价体系的适用性和评价结果的准确性，学术界进行了广泛且深入的研究。

（一）分开发区类型开展土地利用绩效评估探索

因高新技术产业开发区不同于一般的开发区，其主导功能不仅是发展经济，更重要的是承担知识创新和高新技术的生成，因此，班茂盛等（2008）以北京市5个高新技术产业区为研究对象，构建了以创新能力、土地利用效益和土地集约利用为主要指标的绩效评估体系，研究发现，创新能力指数最高的园区其土地利用绩效指数也最高，在土地利用效益指数和土地集约利用指数相差不大的情况下，创新能力越强的园区，其土地利用绩效指数也越大（表3-6）。

表3-6　高新技术产业区土地利用绩效综合评估指标体系与权重

二级指标		三级指标		四级指标
指标值	权重	指标值	权重	指标值及权重
创新能力	0.500	知识生产能力指标	0.180	单位用地研发经费支出总额（0.045）、单位用地研发经费筹集总额（0.036）、人均获奖成果数（0.022）、国家级成果所占比例（0.032）、人均发明科技论文数（0.018）、人均拥有发明专利数（0.027）
		技术流动能力指标	0.160	地均技术开发收入（0.040）、地均技术转让收入（0.048）、地均技术咨询收入（0.024）、地均承包收入（0.016）、地均新产品销售收入（0.032）
		园区创新潜力	0.110	单位面积具有高级职称人员数（0.039）、单位面积具有博士学位人员数（0.033）、单位面积具有大学学历人员数（0.017）、从业人员具有硕士学位以上比例（0.022）

续表

二级指标		三级指标		四级指标
土地利用效益	0.300	经济效益	0.150	人均总收入（0.018）、园区总产值年均增长率（0.009）、单位用地总收入（0.011）、单位用地产出总量（0.023）、单位用地税费（0.030）、单位用地主营业务收入（0.018）、单位用地出口创汇总额（0.012）、单位用地利润总额（0.030）
		社会效益	0.060	养老保险覆盖率（0.021）、医疗保险覆盖率（0.018）、失业保险覆盖率（0.009）、人均工资总额（0.012）
		生态环境效益	0.090	人均绿地面积（0.015），绿地率（0.015），废水、废气、固体废物减排率（0.020），生活污水处理率（0.020），生活垃圾无害化处理率（0.020）
土地集约利用	0.200	土地利用强度	0.120	容积率（0.042）、人均用地（0.021）、建筑密度（0.039）
		用地效率	0.080	土地闲置率（0.055）、单位用地从业人员密度（0.025）

（二）从特殊角度出发探索土地利用绩效评估

刘慧（2013）以上海市开发区或产业区块为研究对象，从土壤污染对环境的影响角度出发，以宗地为研究单元，构建了开发区或产业区块的工业用地绩效评估体系，为工业用地出让前土壤污染修复资金的确定和出让后土壤污染的补偿治理提供了依据和指导（表 3-7）。

表 3-7 基于土壤环境影响构建的工业用地绩效评估体系

目标	子目标	指标	单位
土地利用状况	土地利用程度	土地建成率	%
	用地结构状况	工业用地率	%
	土地利用强度	工业用地综合容积率	%
用地效益	工业用地效益	工业用地投入强度	万元/公顷
		工业用地产出强度	万元/公顷
土壤环境影响	无机污染	镉	毫克/千克
		汞	毫克/千克
		铅	毫克/千克
		铬	毫克/千克
	有机污染	六六六	毫克/千克
		滴滴涕	毫克/千克
		苯并（a）芘	毫克/千克

土地利用指标的理想值采用参数极大值法，以开发区各单项指标排名第三的数值作为理想值。土壤环境指标的标准值采用国家标准，并选取符合地区土地环境特点的标准值（表 3-8）。

表 3-8 工业用地土地利用绩效水平等级分值表

等级	总分值	等级含义	相关措施
Ⅰ	≥90	土地集约利用趋近于理想值，土壤环境总体未受污染	适当扩展土地规模，集约指标转换为扩展指标
Ⅱ	80~90	土地集约利用达到要求，土地供需平衡，土壤环境较好	维持开发区土地规模，挖掘潜力
Ⅲ	70~79	土地集约利用基本达到要求，土壤环境较好	加强挖掘用地潜力，维持土壤质量稳定
Ⅳ	60~69	土地集约利用未达到要求，土地利用方式较为粗放，土壤环境一般	核减项目用地，提高开发区用地强度，注意土壤质量
Ⅴ	≤60	土地集约利用未达到要求，土地利用粗放，土壤质量下行	核减项目用地，控制开发区土地增量规模，关注土壤质量问题

（三）分行业探索工业用地土地利用绩效评估

（1）史逊等（2017）通过对扬州市江都区工业用地利用状况的调查分析发现，用地效益行业间差异显著，地均收入较低的企业厂房建筑以一层为主，并且存在个别企业内部土地利用不足、土地闲置的现象。其中，地均收入最高的行业是石油、炼焦和核燃料加工业；地均税收最高的行业是计算机通信和其他电子设备制造业；地均从业人员密度最高的行业是皮革、毛皮、羽毛及其制品和制鞋业。

（2）陈宇萍（2016）通过对无锡市北塘区不同行业工业用地绩效的调查发现，工业园区内非金属矿物制品业、黑色金属冶炼和压延加工业、其他制造业等行业的工业用地绩效较高，农副食品加工业、化学原料及化学制品制造业、有色金属冶炼和压延加工业等的工业用地绩效较低，其构建的工业用地绩效评估体系仅包括人均营业收入和人均上缴税金两个指标，比例均为 50%。

（3）金程等（2016）以南通市海门区为例，由企业层面入手，从规模效益、效率效益、产业导向效益、空间效益、环境效益 5 个角度构建了工业用地绩效评估指标体系，对工业用地绩效进行综合评价，发现海门区存在高分工业行业发展不充分、工业集中区指标发展不协调、低效工业企业普遍分布等问题，并提出了相应的增效对策（表 3-9，表 3-10）。

表 3-9 海门区工业用地绩效评估指标及权重

一级指标	一级指标权重	二级指标	二级指标权重	指标属性
规模效益	0.29	销售收入	0.38	正相关
		实际缴税	0.41	正相关
		就业人数	0.21	正相关

续表

一级指标	一级指标权重	二级指标	二级指标权重	指标属性
效率效益	0.31	地均销售收入	0.26	正相关
		地均税收	0.33	正相关
		人均销售收入	0.23	正相关
		地均就业	0.18	正相关
产业导向效益	0.09	是否为高新技术企业	0.54	正相关
		是否为战略性新兴企业	0.46	正相关
空间效益	0.09	容积率	0.56	正相关
		建筑密度	0.22	正相关
		是否为高标准厂房	0.22	正相关
环境效益	0.22	万元销售额能耗	0.43	负相关
		万元销售额水耗	0.12	负相关
		万元销售额污染物排放	0.45	负相关

表 3-10 海门区工业用地绩效评估指标参考值

一级指标	二级指标	参考值	单位
规模效益	销售收入	4533.16	万元
	实际缴税	215.78	万元
	就业人数	54.19	人
效率效益	地均销售收入	2897.17	元/米^2
	地均税收	137.90	元/米^2
	人均销售收入	83.66	万元/人
	地均就业	34.63	人/公顷
产业导向效益	是否为高新技术企业	—	—
	是否为战略性新兴企业	—	—
空间效益	容积率	0.57	—
	建筑密度	54.13	%
	是否为高标准厂房	—	—
环境效益	万元销售额能耗	0.37	吨（标准煤）
	万元销售额水耗	1.68	吨
	万元销售额污染物排放	0.56	当量

将海门区主要行业工业用地的绩效评估结果进行汇总统计发现，各主要行业企业平均得分的递减顺序依次为医药制造业、化学原料制造业、船舶设备制造业、电气机械制造业、电子设备制造业、金属制品业、建筑材料制造业、专用设备制造业、通用设备制造业、纺织业。通过对海门区主要行业的企业数量、用地面积、实际缴税等相关信息进行分析发现，海门区高分行业低效企业率低，单个企业规模大、质量高，但企业总数少，总用

地占比低，高分行业发展不充分，低分行业占用较多工业资源。

（4）王梅等（2004）对工业内部不同行业企业用地进行土地集约利用定量化评价发现，昆山市未来一段时间内的产业导向是大力发展电子及相关高技术密集型产业，适当促进食品、服装、皮革、金属发展，适当抑制纸制品、化工、交通、塑胶行业扩张，适当引进机械生产。通过研究发现，必须根据各行业土地集约利用综合指数值的大小和资源消耗情况，进行产业调整，制定鼓励或抑制有关产业发展的政策（表3-11，表3-12）。

表3-11 昆山市开发区土地集约利用度评价指标体系

评价项目	项目权重	评价指标	指标层权重
投资强度	0.102	地均投资总额	0.102
		土地利用率	0.388
		人口密度	0.318
利用程度	0.556	容积率	0.231
产出效率	0.148	地均利税	0.722
		地均销售额	0.278

表3-12 昆山市开发区工业企业土地集约利用评价结果

行业	地均水消耗/(吨·米$^{-2}$)	地均电消耗/(千瓦时·米$^{-2}$)	土地集约利用综合指数值
电子	0.80	95.00	0.57
服装	3.50	35.00	0.47
食品	0.20	32.00	0.40
塑胶	1.90	168.00	0.36
皮革	0.27	53.00	0.46
化工	1.20	18.00	0.39
机械	0.80	90.00	0.17
金属	0.90	38.40	0.45
交通	1.10	100.00	0.38
纸制品	7.60	220.00	0.29

表3-13 典型城市及研究文献中工业用地绩效评估指标汇总

序号	涉及城市或区域	指标体系	土地利用状况指标权重	用地效益指标权重	生态效益指标权重
1	广州市	绿地率、行政办公与生活服务设施用地所占比例、容积率、建筑系数、投资强度、土地产出率、科技率、产值能耗	未获取数据	未获取数据	未获取数据
2	苏州市	4个目标、23项指标	0	0.65	0.15
3	南京市	亩均税收、亩均销售收入、单位电耗税收、单位能耗销售收入	0	0.60	0.40

续表

序号	涉及城市或区域	指标体系	土地利用状况指标权重	用地效益指标权重	生态效益指标权重
4	浙江省	亩均税收、亩均增加值、全员劳动生产率、研究与试验发展经费支出占主营业务收入比例、单位能耗增加值、单位排放增加值	0	0.80	0.20
5	常州市高新区	4个目标、9个子目标、17项指标	0.31	0.40	0.18
6	徐州市高新区	4个目标、6个子目标、18项指标	0.25	0.30	0.27
7	岳阳市绿色化工产业园	3个目标、4个子目标、12项指标	0.33	0.33	0.33
8	佛山市顺德区	区位适宜度、地均产值、产权情况、开发强度、建成年代、剩余租期、租金情况、工业门类、污染影响	0.10	0.10	0.10
9	濮阳市工业园	工业用地开发率、容积率、建筑系数、固投强度、产出强度、地均税收、投产比、闲置率、固废处理率、污水处理率、绿地率、单位国内生产总值（Gross Domestic Product，GDP）综合能耗	0.19	0.44	0.36
10	常州市金坛区	工业用地比较生产率、单位产值用地水平	未获取数据	未获取数据	未获取数据
11	上海市工业园区	土地供应率、土地建成率、工业用地率、综合容积率、建筑密度、工业用地综合容积率、工业用地建筑系数、工业用地固定资产投入强度、工业用地地均税收、土地闲置率	未获取数据	未获取数据	未获取数据

三、实践研究

为更加合理地建设开发区工业用地绩效评估体系，收集到更加全面、客观的数据资料，根据开发区工业用地绩效评估体系建设的基础资料，制作了调查问卷，发放给本次调查问卷面向的对象，即山东省各市、县自然资源主管部门工作人员和承担工业用地绩效调查项目及开发区评价项目技术单位的相关人员，收集其对于开发区工业用地绩效评估体系建设的意见和意见，对评价体系中的数据进行补充和完善。问卷共设置23个问题，包括选择题、排序题和填空题。

通过本次问卷调查，超过半数的人认为需要分国家级和省级、分规模以上企业和规模以下企业进行开发区工业用地绩效评估体系的建设。因此，本研究分两个方面进行绩效评估体系的建设。

调查问卷结果显示，被调查人对于开发区工业用地绩效评估体系的指标提出了建议，如：绩效评估中整体更侧重于用地效益和土地利用状况；对于子目标权重给出建议，认为土地利用状况中土地利用强度应占更大的权重，用地效益中单位用地税收额权重大于 40%，是 3 个子目标中权重最大的一项；国家级开发区和省级开发区每项指标的权重分布情况差异不大，在后续分层级建设开发区工业用地绩效评估体系时，两者的指标和权重可以一致；规模以上企业和规模以下企业的指标权重存在一定差异，规模以上企业更侧重于用地效益，而规模以下企业更侧重土地利用状况，在后续建立绩效评估体系时应加以考虑。被调查人对开发区工业用地绩效评估体系的建设提出了宝贵意见，如充分利用已有成果资料、减少不必要的资源消耗、多部门联合开展、实现各部门数据共享等，为我们接下来的开发区工业用地绩效评估体系建立工作提供了非常有效的数据基础和参考依据。

四、工业用地绩效评估指标体系构建

构建工业用地绩效评估指标体系应真实全面地了解工业用地的情况，准确把握工业用地的综合发展水平和地块发展差异，准确识别出低效工业用地，为下一步工业用地的转型升级、土地价值的挖掘提供明确的对象及工作重点。科学、易操作的评估指标体系，是工业用地绩效评估的基础。工业用地绩效评估是一项复杂的工作，涵盖土地、经济、环境、社会等多方面内容，涉及城市规划、土地资源管理、经济学、环境学等多学科理论。因此，工业用地绩效评估指标的选取应充分体现各学科多方面协调发展的思想，在此基础上，还要从众多指标中选取最具代表性、最具现实指导意义的内容，才能充分发挥工业用地绩效评估体系的作用。

（一）评估指标确定

根据《山东省自然资源厅关于进一步贯彻落实“亩产效益”评价改革工作的通知》（鲁自然资字〔2020〕17 号），山东省各地积极推进工业用地绩效调查评估工作，建立工业用地调查数据库，为推进“亩产效益”评价改革提供基础数据支撑。

指标的繁杂并不一定能增强评价结果的可信度，重要的是指标的选取需符合评价体系的构建原则，诠释评价体系的精髓，以及对评价目标的贡献度。因此，指标的选取需满足以下 3 个特征：一是代表性。评价指标的设计应全面反映工业用地特点，分别代表工业用地的结构、用地效益和生态效应，达到一目了然的效果。二是典型性。代表工业用地结构、效益和生态特征方面的指标都不止一个，需要从中遴选出熟知且易统计的典型指标，力求少而精。三是易获取性。选取的指标应简单明确，易于收集可获得，统计口径一致，为评价体系的构建奠定基础。

1. 已有指标比较分析

在宏观尺度的土地利用绩效评估研究上，许多城市或学者从不同角度、各有侧重地构建了工业用地绩效评估的指标体系。目前，在许多城市开展实施的工业用地绩效评估项目和众多学者对工业用地绩效评估的研究中，其构建的评估指标体系主要包括以下 3 类。

（1）基于用地效益的评估指标体系。在此类研究中，其评估指标主要从工业用地的土地利用状况、用地效益两个方面选取，对工业用地绩效进行评价。其中，土地利用状况包括土地利用程度、用地结构状况和土地利用强度，主要指标有容积率、建筑密度、绿地率、土地建成率等；经济效益指标主要有单位用地税收、单位面积固定资产投入、单位用地工业总产值、投资强度指数等。

（2）基于综合用地效益绩效的评估指标体系。此类工业用地绩效评估指标体系不仅考虑了工业用地的用地效益，还考虑了环境影响与社会效益。相关研究所建立的指标体系主要从经济效益、社会效益、生态效益3方面选取。其中，经济效益指标与上一类指标相差不大；社会效益指标主要包括全员劳动生产率、单位用地吸纳就业人员数等；生态效益指标主要包括单位能耗增加值、单位排放增加值、固体废弃物排放量等指标。

（3）基于土地利用状况和综合用地效益绩效的评估指标体系。此类工业用地绩效评估指标体系同时考虑当前工业用地土地利用现况、综合用地效益和生态影响。其中，土地利用状况指标与第一类指标相差不大；综合用地效益主要包括经济效益、社会效益、生态效益3方面，综合用地效益指标与上一类指标相差较小。

综上，通过对已有的宏观尺度下工业用地绩效评估指标进行比较分析可以发现，基于土地利用状况和综合用地效益进行工业用地绩效评估的行为过程与产出结果更符合绩效评估的内涵要求。因此，参考已有工业用地绩效评估体系并结合山东省开发区的实际情况，同时根据评估体系构建原则和调查问卷结果，选择用地结构状况、土地利用强度、综合用地效益和综合生态效益4个子目标建立了宏观尺度下的工业用地绩效评估指标备选库。

2. 评估指标筛选与补充

通过对现有工业用地绩效评估指标体系的分析，建立了宏观尺度下的工业用地绩效评估指标备选库，根据指标含义删减重复、雷同指标，通过数据收集情况剔除无法获取数据或无法量化的指标。

调查问卷结果显示，绿地率的权重仅为17.39%，并且对于工业用地来说，除生产性用地和行政办公用地外，剩余基本为绿化用地，因此该项指标的意义不大，在本次开发区工业用地绩效评估体系建设中予以删除；通过咨询专家和征求意见，得出用地效益中单位用地工业总产值更符合绩效评估的内涵，因此，在单位用地工业总产值和固定资产投资强度中选择单位用地工业总产值作为评估指标。对于工业用地绩效评估指标的备选库中的一级指标运营状况，通过问卷调查，该项指标重要性得分较低，且根据基础数据，有效数据几乎都为正常营业的企业用地，对于开发区工业用地绩效评估意义不大，因此在进行指标选择时删除此项。

通过以上步骤，最终建立工业用地绩效评估指标体系。

3. 评估指标确定结果

通过以上分析，最终建立了开发区工业用地绩效评估指标体系（表3-14），该体系适用于对开发区内所有工业企业用地绩效的全面评估和对规模以上工业企业用地绩效的专门评估。

表 3-14 开发区、规模以上企业工业用地绩效评估指标体系

目标	子目标	指标	属性
土地利用状况	用地结构状况	生产性用地比例	正向
		行政办公与生活服务设施用地率	负向
	土地利用强度	综合容积率	正向
		建筑密度	正向
用地效益	综合用地效益	单位用地吸纳就业人员数	正向
		单位工业用地工业总产值	正向
		单位工业用地税收额	正向
生态影响	综合生态效益	单位用地废水排放强度	负向
		单位用地废气排放强度	负向
		单位用地能源消耗强度	负向

针对规模以下工业企业用地绩效评估指标体系如表 3-15 所示。

表 3-15 规模以下工业企业用地绩效评估指标体系

目标	子目标	指标	属性
土地利用状况	用地结构状况	生产性用地比例	正向
		行政办公与生活服务设施用地率	负向
	土地利用强度	综合容积率	正向
		建筑密度	正向
用地效益	综合用地效益	单位工业用地工业总产值	正向
		单位工业用地税收额	正向

1）土地利用状况指标定义

土地利用状况包含用地结构状况和土地利用强度两个子目标，反映评估时点该宗工业用地的土地利用现状情况。

（1）生产性用地比例是指每宗工业用地范围内厂房及配套用地面积和露天堆场、露天操作场地面积之和与该宗工业用地总面积的比值，单位为%，反映的是工业用地中生产性用地的比例，属于正向相关指标。

（2）行政办公与生活服务设施用地率是指每宗工业用地范围内行政办公与生活服务设施用地面积与该宗工业用地总面积的比值，单位为%，反映的是工业用地中行政办公与生活服务设施用地的比例，属于负向相关指标。

（3）综合容积率是指每宗工业用地上的总建筑面积与该宗工业用地总面积的比值，无量纲，反映的是工业用地的综合利用程度，属于正向相关指标。

（4）建筑密度是指每宗工业用地内已建成的建筑基底总面积与该宗工业用地总面积的比值，单位为%，反映的是工业用地的平面利用状况，属于正向相关指标。

2）用地效益指标定义

用地效益包含综合用地效益一个子目标，反映评估时点的该宗工业用地的效益情况。

（1）单位用地吸纳就业人员数是指每宗工业用地的企业在岗职工人数与该宗工业用地面积的比值，单位为人/公顷，反映的是工业用地解决人口就业情况，属于正向相关指标。

（2）单位工业用地工业总产值是指每宗工业用地范围内的工业（物流）企业总产值与该宗工业用地面积之比，单位为万元/公顷，反映的是单位工业用地的投入强度，属于正向相关指标。

（3）单位工业用地税收额是指每宗工业用地范围内的工业（物流）企业税收总额与该宗工业用地面积之比，单位为万元/公顷，反映的是单位工业用地的产出效益，属于正向相关指标。

3）生态影响指标定义

生态影响包含综合生态效益一个子目标，反映评估时点的该宗工业用地生态影响情况。

（1）单位用地废水排放强度是指每宗工业用地范围内的工业（物流）企业排放的工业废水中化学需氧量（Chemical Oxygen Demand，COD）年排放量和氨氮年排放量之和与该宗工业用地面积之比，单位为吨/公顷，反映的是单位工业用地的废水中污染物排放量，属于负向相关指标。

（2）单位用地废气排放强度是指每宗工业用地范围内的工业（物流）企业排放的废气中二氧化硫年排放量和氮氧化物年排放量之和与该宗工业用地面积之比，单位为吨/公顷，反映的是单位工业用地的废气中污染物排放量，属于负向相关指标。

（3）单位用地能源消耗强度是指每宗工业用地范围内的工业（物流）企业年综合能耗量与该宗工业用地面积之比，单位为吨/公顷，反映的是单位工业用地的能源消耗水平，属于负向相关指标。

（二）指标权重确定

指标权重的确定方法主要有层次分析法、熵权法和德尔菲法。

层次分析法主要是将评估对象按目标层、准则层、指标层等顺序分解为不同结构，然后通过重要性判别、计算判断矩阵特征向量等方法，得到各层次指标相对于上一层次指标的权重，然后采用加权和的方式求得各指标对于总目标的最终权重。

熵权法属于客观赋权法，是根据样本数据的熵值判断指标的离散程度，从而确定指标的权重。主要思路是根据熵的定义，通过信息熵反映系统信息的不确定性和无序程度，从而确定各指标的离散程度以及所承载的信息量大小，最终计算出各指标的权重值。

德尔菲法也称专家调查法，1946 年由美国兰德公司创始实行。该方法是由企业组成一个专门的预测机构，其中包括若干专家和企业预测组织者，按照规定的程序，背靠背地征询专家对未来市场的意见或者判断，然后进行预测。

德尔菲法本质上是一种反馈匿名函询法，其大致流程是在对所要预测的问题征得专家的意见之后，进行整理、归纳、统计，再匿名反馈给各专家，再次征求意见，再集中，再反馈。其优点主要是简便易行，具有一定科学性和实用性，同时也可以较快收集大家发表的意见，参加者也易接受结论，具有一定程度综合意见的客观性。

根据山东省的实际情况，本研究采用德尔菲法进行指标权重的确定。本次调查面向的专家主要为与工业用地工作相关的政府部门、研究机构、技术单位的工作人员，调查方式为设置调查问卷进行汇总分析。

根据工作要求，结合现有基础资料，确定调查题目，拟定调查提纲，设置相关调查问卷小程序，并对各项题目进行解释说明。按照本次调查所需要的知识范围确定专家，并在调查问卷小程序中向所有专家提出所要调查的问题及有关要求，然后由专家进行问卷填写。

根据此方法获得的调查结果，在有效问卷中，超过半数的专家认为本次开发区工业用地绩效评估体系的建立需要分国家级和省级开发区，以及分规模以上企业和规模以下企业。本次体系的建设分为两个方面：国家级开发区和省级开发区工业用地绩效评估体系、规模以上企业和规模以下企业工业用地绩效评估体系。

1. 国家级开发区和省级开发区工业用地绩效评估体系

调查结果显示，国家级开发区和省级开发区工业用地绩效评估体系的评级指标内容基本一致，各指标的权重整体上一致，整体为用地效益权重最大，土地利用状况次之，然后是生态影响，国家级开发区和省级开发区各指标权重存在细微差别。本研究从整体考虑，将国家级开发区工业用地绩效评估体系和省级开发区工业用地绩效评估体系各指标权重设置一致，具体指标和权重如表 3-16 所示。

表 3-16　国家级开发区和省级开发区工业用地绩效评估体系

目标	权重	子目标	权重	指标	权重
土地利用状况	0.34	用地结构状况	0.40	生产性用地比例	0.65
				行政办公与生活服务设施用地率	0.35
		土地利用强度	0.60	综合容积率	0.55
				建筑密度	0.45
用地效益	0.38	综合用地效益	1.00	单位用地吸纳就业人员数	0.23
				单位工业用地工业总产值	0.34
				单位工业用地税收额	0.43
生态影响	0.28	综合生态效益	1.00	单位用地废水排放强度	0.33
				单位用地废气排放强度	0.32
				单位用地能源消耗强度	0.35

国家级开发区和省级开发区工业用地绩效评估体系一级目标的权重值一致，土地利用状况、用地效益、生态影响的权重分别为 0.34、0.38、0.28；子目标的权重是依据调查问卷反馈的结果进行汇总分析后得到的，权重值也相同；指标内容完全一致，各指标权重一致。

2. 规模以上企业和规模以下企业工业用地绩效评估体系

约 63% 的被调查人认为开发区工业用地绩效评估体系的建设需要分规模以上企业和规模以下企业，且两者具有较大的差别，具体指标和权重的设置分别如表 3-17、表 3-18 所示。

表 3-17 开发区规模以上企业工业用地绩效评估体系

目标	权重	子目标	权重	指标	权重
土地利用状况	0.33	用地结构状况	0.40	生产性用地比例	0.65
				行政办公与生活服务设施用地率	0.35
		土地利用强度	0.60	综合容积率	0.55
				建筑密度	0.45
用地效益	0.41	综合用地效益	1.00	单位用地吸纳就业人员数	0.20
				单位工业用地工业总产值	0.40
				单位工业用地税收额	0.40
生态影响	0.26	综合生态效益	1.00	单位用地废水排放强度	0.33
				单位用地废气排放强度	0.32
				单位用地能源消耗强度	0.35

表 3-18 开发区规模以下企业工业用地绩效评估体系

目标	权重	子目标	权重	指标	权重
土地利用状况	0.60	用地结构状况	0.60	生产性用地比例	0.65
				行政办公与生活服务设施用地率	0.35
		土地利用强度	0.40	综合容积率	0.55
				建筑密度	0.45
用地效益	0.40	综合用地效益	1.00	单位工业用地工业总产值	0.40
				单位工业用地税收额	0.60

根据调查问卷的结果分析，人们普遍认为规模以上企业用地应侧重于用地效益，而规模以下企业用地应更偏重土地利用状况。根据调查结果分别对规模以上企业和规模以下企业开发区工业用地绩效评估体系各指标及其权重进行了调整，形成规模以上企业开发区工业用地绩效评估体系和规模以下企业开发区工业用地绩效评估体系。

开发区规模以上企业工业用地绩效评估体系的目标为土地利用状况、用地效益、生态影响，工业用地绩效评估应更偏重用地效益，因此权重分配上此项指标权重较高，三个目标的权重分别为 0.33、0.41、0.26。

开发区规模以下企业工业用地绩效评估体系的目标为土地利用状况和用地效益，工业用地绩效评估应更侧重于土地利用状况，因此该项指标的权重设置较高，土地利用状况、用地效益的权重分别为 0.60、0.40。

（三）指标标准化

1. 正向评价指标标准化方法

正向评价指标标准化应采用理想值比例推算法，以指标的实现度分值进行度量，计算公式如式（3-24）所示：

$$S_{ijk}=\frac{X_{ijk}}{T_{ijk}}\times 100 \qquad (3-24)$$

式中：S_{ijk} 为 i 目标 j 子目标 k 指标的实现度分值；X_{ijk} 为 i 目标 j 子目标 k 指标的现状值；T_{ijk} 为 i 目标 j 子目标 k 指标的理想值。

2. 负向评价指标标准化方法

负向评价指标标准化应采用互补式理想值比例推算法，以指标的实现度分值进行度量，计算公式如式（3-25）所示：

$$S_{ijk}=\left(1-\frac{X_{ijk}}{T_{ijk}}\right)\times 100 \qquad (3-25)$$

各评价指标的实现度分值应在 0~100 之间。当指标现状值大于理想值时，该指标的实现度分值记为 100。

（四）指标理想值的确定

根据查阅的文献资料，确定指标理想值的方法主要有两种：一是取各项指标平均值的 1.5 倍或 2 倍作为理想值；二是取指标值的中位数作为理想值。

1. 样本数据的确定

本研究获取山东省工业用地绩效调查成果数据，提取出其中位于开发区范围内的工业用地，工业用地存在一企多地和一地多企的情况，需要进行匹配处理，经过匹配处理后，得到以宗地为单元的工业用地绩效调查数据，山东省开发区范围内工业用地共 24481 宗。国家级开发区工业用地共 7987 宗，其中规模以上工业用地 2252 宗，规模以下工业用地 5735 宗；省级开发区工业用地共 16494 宗，其中规模以上工业用地 5387 宗，规模以下工业用地 11107 宗。各指标填报率最低的是其他建筑面积，为 47.63%；最高的是目前生产经营状态，填报率为 95.82%，全省各指标总体填报率为 59.20%。

1）剔除异常值数据

数据中存在异常值，如生产性用地比例、行政办公与生活服务设施用地率、绿地率、建筑密度等大于 100%，在进行数据筛选时，需要把这部分异常值剔除掉。剔除后全省工业用地数量为 22525 宗，其中国家级开发区工业用地 7521 宗，省级开发区工业用地 15004 宗。

部分数据指标填报值为负，如上缴税费、应缴税费、固定资产投资、主营业务收入、厂区内部预留地面积等数据，也需要进行剔除。剔除后全省工业用地数量为 22444 宗，其中国家级开发区工业用地 7495 宗，省级开发区工业用地 14949 宗。

2）剔除未填报数据

获取的工业用地绩效调查成果数据存在未填报的情况，即涉及的填报项均无数据，这部分数据无法用于建立工业用地绩效评估体系，因此需要剔除这部分数据，剔除后全省工业用地数量为 14783 宗，其中国家级开发区工业用地 5066 宗，省级开发区工业用地 9717 宗。

3）剔除涉及的评估指标项未填报数据

本次工业用地评估体系中确定的指标项存在均未填报的情况，即宗地数据中个别项有数据，但本次评估涉及的项均未进行填报，剔除后全省工业用地数量为 14768 宗，其中国家级开发区工业用地 5056 宗，省级开发区工业用地 9712 宗。

4）剔除不合理指标

开发区工业用地绩效评估仅考虑已建成工业用地，因此在筛选数据时仅选择已建成工业用地，即需要剔除建成率为 0 的数据。通过计算指标数据发现，存在生产性用地和行政办公与生活服务设施用地总和大于土地面积的情况，需要进行剔除。

在建立工业用地绩效评估体系时，使用的数据应为填报完全的，但经过筛选后，全省开发区范围内仅有 306 宗是填报完整的，样本数量过少可能会导致绩效评估体系理想值的设置不具备全面性，一定程度上会增加实验数据的误差。为最大限度地保证样本数量，同时保证一定的填报率，本研究保留了评估体系涉及指标填报率大于等于 30% 的数据。

经过上述筛选和剔除后，山东省开发区范围内工业用地数量为 8024 宗。国家级开发区工业用地 2415 宗，其中规模以上企业用地 1073 宗，规模以下企业用地 1342 宗；省级开发区工业用地 5609 宗，其中规模以上企业用地 2650 宗，规模以下企业用地 2959 宗。全省各指标总体填报率为 77. 17%，比原始的 59. 20% 提升了 17. 97%。

2. 理想值的确定

根据筛选的样本数据，分别对国家级和省级开发区工业用地绩效评估体系、规模以上企业和规模以下企业开发区工业用地绩效评估体系进行理想值的确定。结合《山东省建设用地控制标准（2019 年版）》，其中明确规定了工业用地的行政办公与生活服务设施用地比例和建筑密度，依据参照标准分别将这两项指标理想值设定为 7% 和 40%。由于部分数据未填报，即数据为 0，为减小 0 值对整体数据的影响，在计算数据的平均值和中位数时，仅计算所有非 0 值数据的平均值和中位数。

1）国家级开发区和省级开发区工业用地绩效评估体系

将数据分为国家级开发区工业用地和省级开发区工业用地，其中国家级开发区工业用地共 2415 宗，省级开发区工业用地共 5609 宗。分别计算不同指标平均值的 1. 5 倍、平均值的 2 倍、平均值的 1. 2 倍和指标值的中位数，并分别将其作为理想值计算各项指标的得分，根据体系设定的各指标权重计算绩效总分。

（1）国家级开发区工业用地绩效评估体系理想值的确定。对于国家级开发区工业用地，将各指标平均值的 1. 5 倍作为理想值时，全省工业用地绩效得分普遍较低，242 宗得分为 20~40 分，大部分得分集中在 40~60 分之间，有 1314 宗，60~80 分的宗地有 723 宗，80 分以上的宗地仅 136 宗，平均得分为 56. 61 分（图 3-1）。

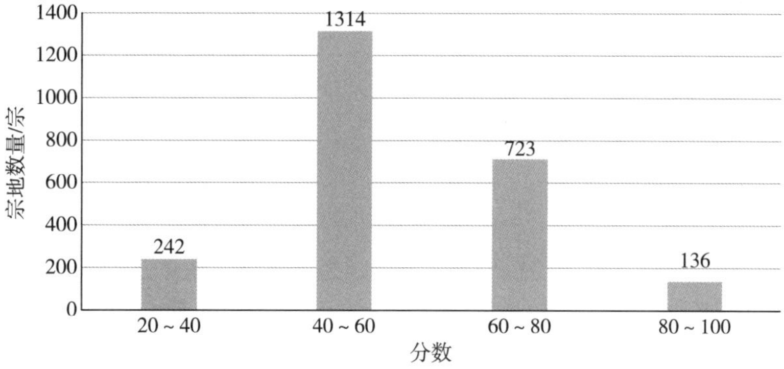

图 3-1　国家级开发区以 1. 5 倍平均值作为理想值时分数分布图

将各指标平均值的 2 倍作为理想值时，20~40 分的宗地有 354 宗，40~60 分的宗地数量最多，为 1533 宗，60~80 分的宗地有 457 宗，80 分以上的宗地仅 71 宗，平均得分为 52.47 分，数据得分总体偏低，合理性较差（图 3-2）。

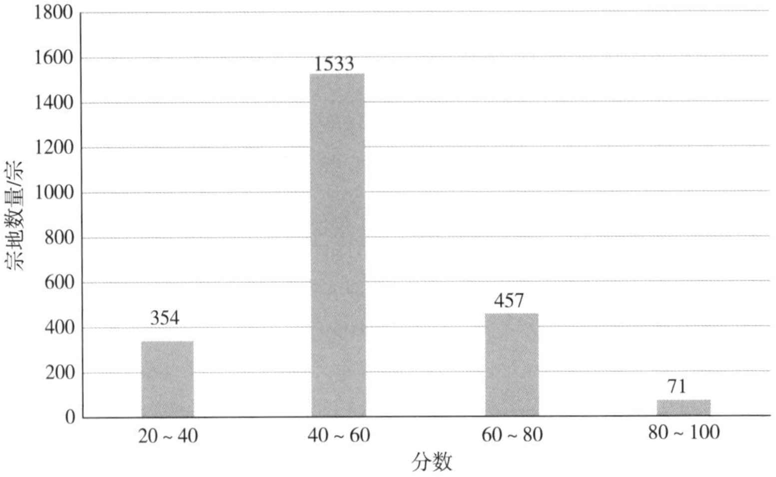

图 3-2　国家级开发区以 2 倍平均值作为理想值时分数分布图

将指标平均值的 1.2 倍作为理想值时，20~40 分和 80~100 分区间的宗地数量均较少，分别为 172 宗和 217 宗，40~60 分的宗地数量为 1157 宗，60~80 分的宗地数量为 869 宗，分数分布情况比前两种结果略好，但平均得分仍偏低，为 59.74 分（图 3-3）。

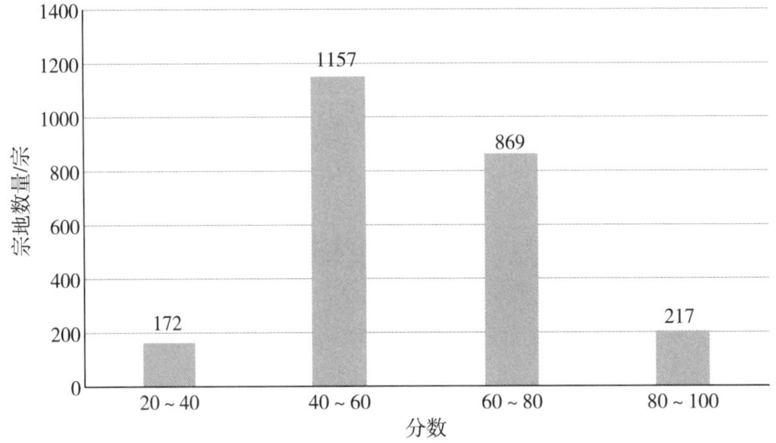

图 3-3　国家级开发区以 1.2 倍平均值作为理想值时分数分布图

将指标中位数作为理想值时，40 分以下的宗地数量为 58 宗，40~60 分的宗地数量为 769 宗，大部分宗地分值分布在 60~80 分之间，数量为 1041 宗，80 分以上的宗地数量为 547 宗，平均得分为 67.56 分，整体合理性较好（图 3-4）。

国家级开发区数据离散度较大，平均值不能很好地体现出不同宗地间的绩效差异，且总体分值偏低。本次国家级开发区工业用地绩效评估指标体系理想值基于中位数，并结合《山东省建设用地控制标准（2019 年版）》调整获得，具体理想值的设定如表 3-19 所示。

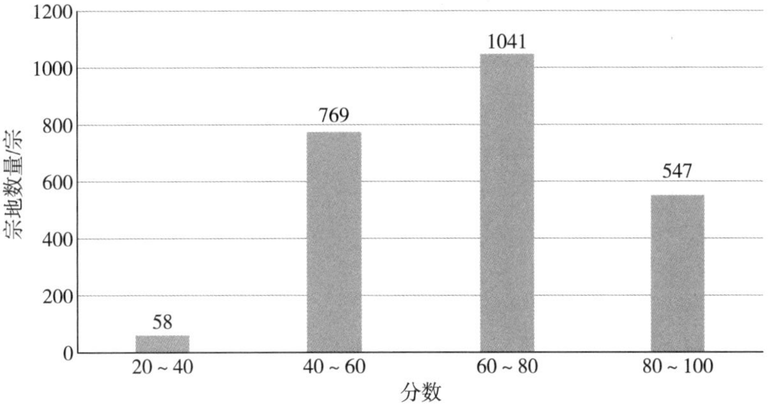

图 3-4　国家级开发区以中位数作为理想值时分数分布图

表 3-19　国家级开发区工业用地绩效评估指标体系理想值

目标	子目标	指标	单位	理想值
土地利用状况	用地结构状况	生产性用地比例	%	39. 27
		行政办公与生活服务设施用地率	%	7. 00
	土地利用强度	综合容积率	—	0. 46
		建筑密度	%	40. 00
用地效益	综合用地效益	单位用地吸纳就业人员数	人/公顷	16. 58
		单位工业用地工业总产值	万元/公顷	1192. 77
		单位工业用地税收额	万元/公顷	26. 69
生态影响	综合生态效益	单位用地废水排放强度	吨/公顷	0. 18
		单位用地废气排放强度	吨/公顷	0. 35
		单位用地能源消耗强度	吨/公顷	77. 29

（2）省级开发区工业用地绩效评估体系理想值的确定。对于省级开发区工业用地，将各指标平均值的 1. 5 倍作为理想值时，全省工业用地绩效得分普遍较低，得分为 20～40 分的宗地有 528 宗，大部分得分集中在 40～60 分之间，有 2717 宗，60～80 分的宗地有 1910 宗，80 分以上的宗地仅 454 宗，平均得分为 58. 47 分（图 3-5）。

将指标平均值的 2 倍作为理想值时，20～40 分的宗地有 780 宗，得分为 40～60 分的宗地数量最多，为 3181 宗，60～80 分的宗地有 1464 宗，80 分以上的宗地仅 184 宗，所有数据平均得分为 53. 90 分，总体偏低，合理性较差（图 3-6）。

将指标平均值的 1. 2 倍作为理想值时，20～40 分的宗地数量为 366 宗，40～60 分的宗地数量为 2375 宗，60～80 分的宗地数量为 2112 宗，80 分以上的宗地数量为 756 宗，分数分布情况比前两种结果略好，但平均得分仍偏低，为 61. 82 分（图 3-7）。

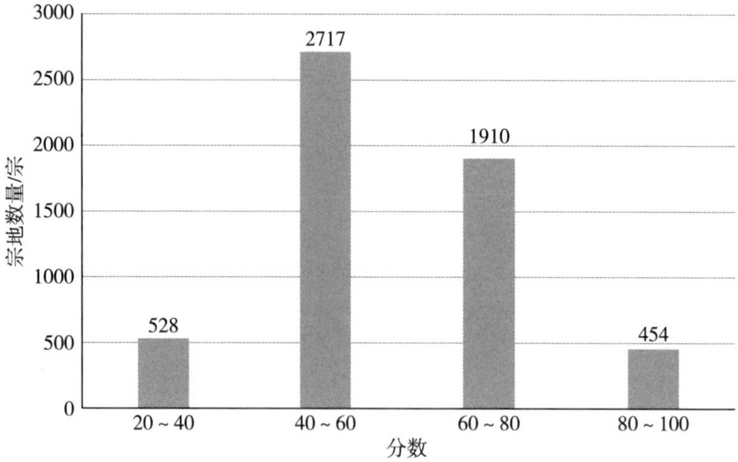

图 3-5　省级开发区以 1.5 倍平均值作为理想值时分数分布图

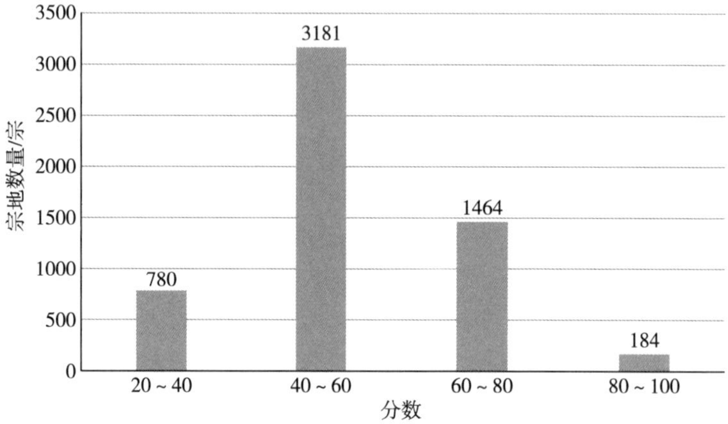

图 3-6　省级开发区以 2 倍平均值作为理想值时分数分布图

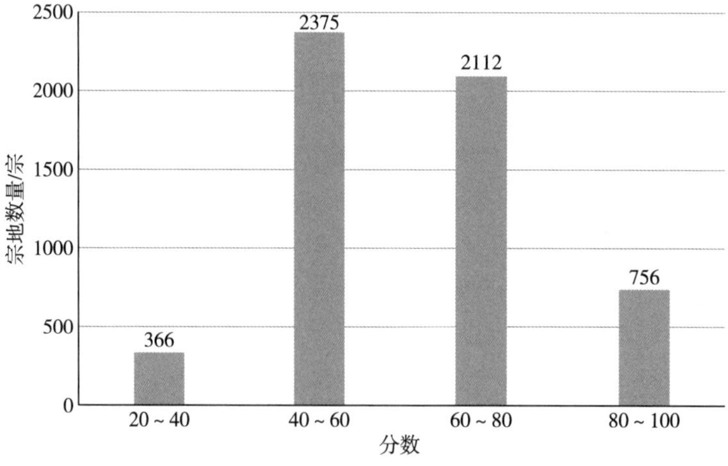

图 3-7　省级开发区以 1.2 倍平均值作为理想值时分数分布图

将指标中位数作为理想值时，有 1 宗地的分数在 20 分以下，20~40 分的宗地数量为 257 宗，40~60 分的宗地有 1606 宗，大部分宗地分值分布在 60~80 分之间，数量为 2315 宗，80 分以上的宗地数量为 1430 宗，平均得分为 68.10 分，整体合理性较好（图 3-8）。

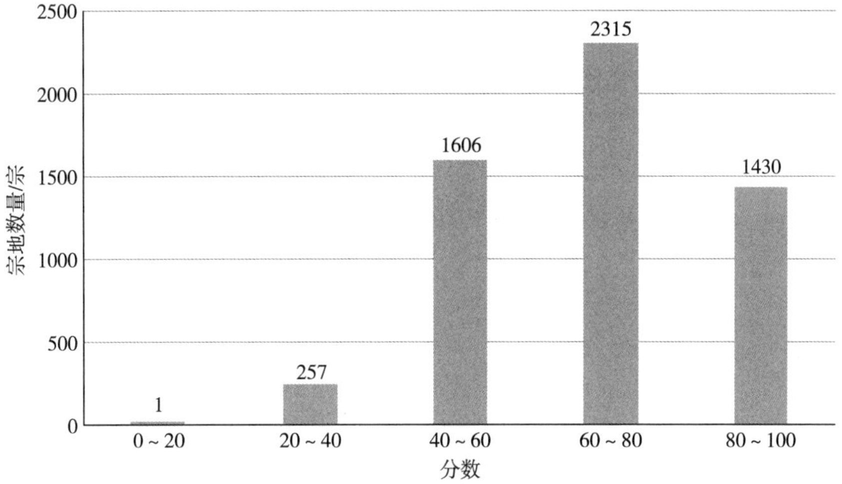

图 3-8 省级开发区以中位数作为理想值时分数分布图

省级开发区数据离散度较大，平均值不能很好地体现出不同宗地间的绩效差异，且总体分值偏低。本次省级开发区工业用地绩效评估指标体系理想值基于中位数，并结合《山东省建设用地控制标准（2019 年版）》调整获得，具体理想值的设定如表 3-20 所示。

表 3-20 省级开发区工业用地绩效评估指标体系理想值

目标	子目标	指标	单位	理想值
土地利用状况	用地结构状况	生产性用地比例	%	38.52
		行政办公与生活服务设施用地率	%	7.00
	土地利用强度	综合容积率	—	0.39
		建筑密度	%	40.00
用地效益	综合用地效益	单位用地吸纳就业人员数	人/公顷	15.42
		单位工业用地工业总产值	万元/公顷	1166.48
		单位工业用地税收额	万元/公顷	26.45
生态影响	综合生态效益	单位用地废水排放强度	吨/公顷	0.30
		单位用地废气排放强度	吨/公顷	0.67
		单位用地能源消耗强度	吨/公顷	82.78

2）规模以上企业和规模以下企业开发区工业用地绩效评估体系

将数据分为规模以上企业开发区工业用地和规模以下企业开发区工业用地，其中规模以上企业用地共 3723 宗，规模以下企业用地共 4301 宗。分别计算不同指标平均值的 1. 5 倍、平均值的 2 倍、平均值的 1. 2 倍和指标值的中位数，并分别将其作为理想值计算各项指标的得分，根据体系设定的各指标权重计算绩效总分。

（1）规模以上企业工业用地绩效评估体系理想值的确定。对于规模以上企业工业用地，将各指标平均值的 1. 5 倍作为理想值时，全省工业用地绩效得分普遍较低，20~40 分的工业用地数量为 412 宗，大部分得分集中在 40~60 分之间，有 1666 宗，60~80 分的宗地有 1352 宗，80 分以上的仅 293 宗，平均得分为 58. 41 分（图 3-9）。

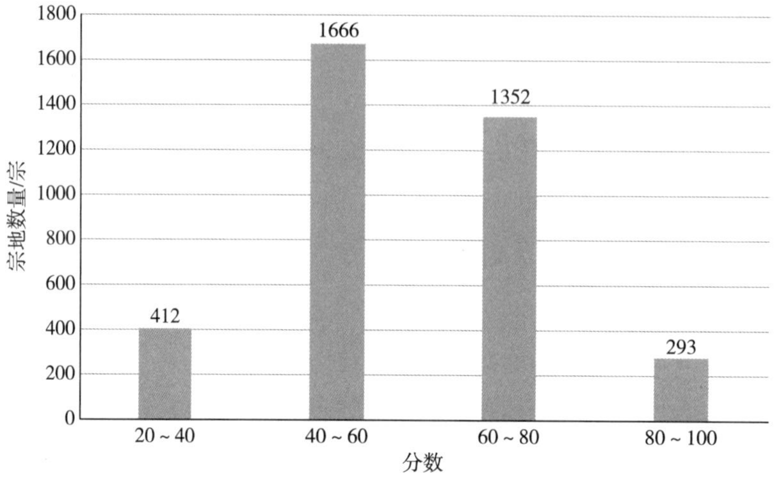

图 3-9　规模以上企业以 1. 5 倍平均值作为理想值时分数分布图

将各指标平均值的 2 倍作为理想值时，20~40 分的宗地有 627 宗，40~60 分的宗地数量最多，为 2071 宗，60~80 分的宗地有 907 宗，80 分以上的宗地仅 118 宗，所有数据平均得分为 53. 11 分，总体偏低，合理性较差（图 3-10）。

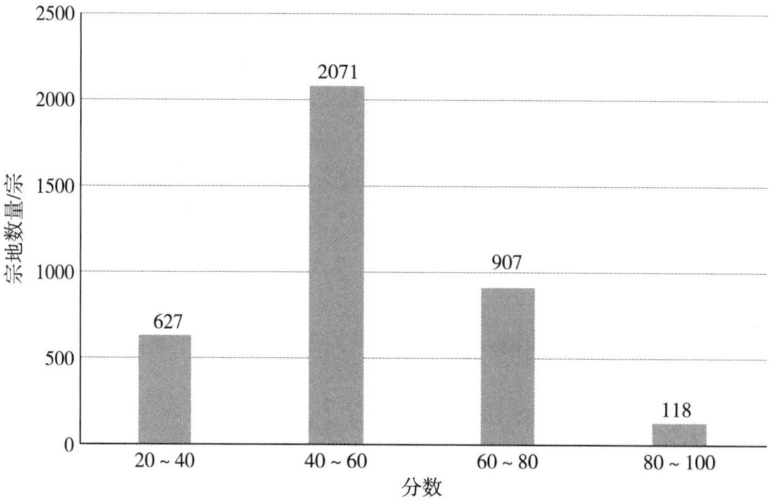

图 3-10　规模以上企业以 2 倍平均值作为理想值时分数分布图

将指标平均值的 1.2 倍作为理想值时，20~40 分的宗地数量为 272 宗，40~60 分的宗地数量为 1391 宗，60~80 分的宗地数量为 1566 宗，80 分以上的宗地数量为 494 宗，分数分布情况比前两种结果略好，但平均得分仍偏低，为 62.41 分（图 3-11）。

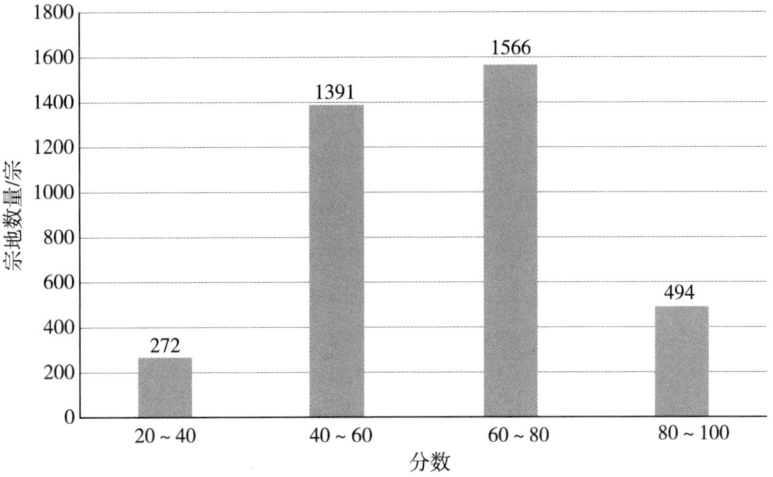

图 3-11　规模以上企业以 1.2 倍平均值作为理想值时分数分布图

将指标中位数作为理想值时，有 1 宗地的分数在 20 分以下，20~40 分的宗地数量为 164 宗，40~60 分的宗地有 939 宗，大部分宗地分值分布在 60~80 分之间，数量为 1569 宗，80 分以上的宗地数量为 1050 宗，平均得分为 69.01 分，整体合理性较好（图 3-12）。

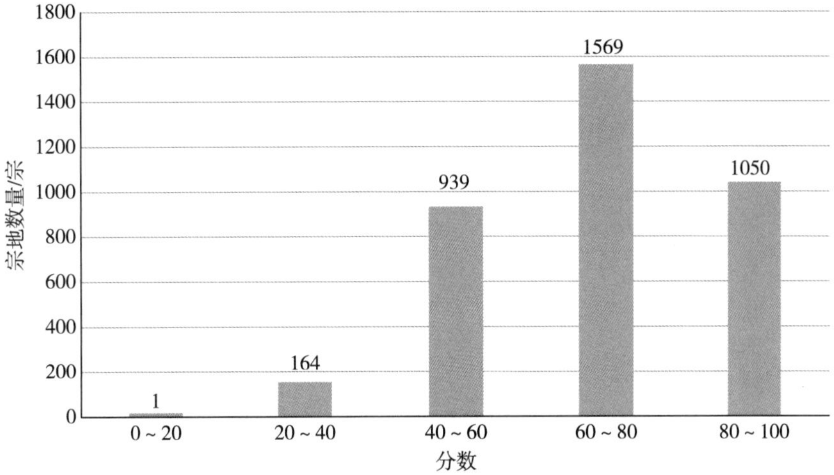

图 3-12　规模以上企业以中位数作为理想值时分数分布图

规模以上企业数据离散度较大，平均值不能很好地体现出不同宗地间的绩效差异，且总体分值偏低，本次规模以上企业工业用地绩效评估指标体系理想值基于中位数，结合《山东省建设用地控制标准（2019 年版）》调整获得，具体理想值的设定如表 3-21 所示。

表 3-21　规模以上企业工业用地绩效评估指标体系理想值

目标	子目标	指标	单位	理想值
土地利用状况	用地结构状况	生产性用地比例	%	41.88
		行政办公与生活服务设施用地率	%	7.00
	土地利用强度	综合容积率	—	0.44
		建筑密度	%	40.00
用地效益	综合用地效益	单位用地吸纳就业人员数	人/公顷	18.97
		单位工业用地工业总产值	万元/公顷	1713.20
		单位工业用地税收额	万元/公顷	49.04
生态影响	综合生态效益	单位用地废水排放强度	吨/公顷	0.31
		单位用地废气排放强度	吨/公顷	0.69
		单位用地能源消耗强度	吨/公顷	117.93

（2）规模以下企业工业用地绩效评估体系理想值的确定。对于规模以下企业工业用地，将各指标平均值的 1.5 倍作为理想值时，全省工业用地绩效得分普遍较低，得分在 20 分以下的工业用地数量为 353 宗，20~40 分的工业用地数量为 1473 宗，大部分得分集中在 40~60 分之间，有 1717 宗，60~80 分的宗地有 605 宗，80 分以上的仅 153 宗，平均得分为 44.14 分（图 3-13）。

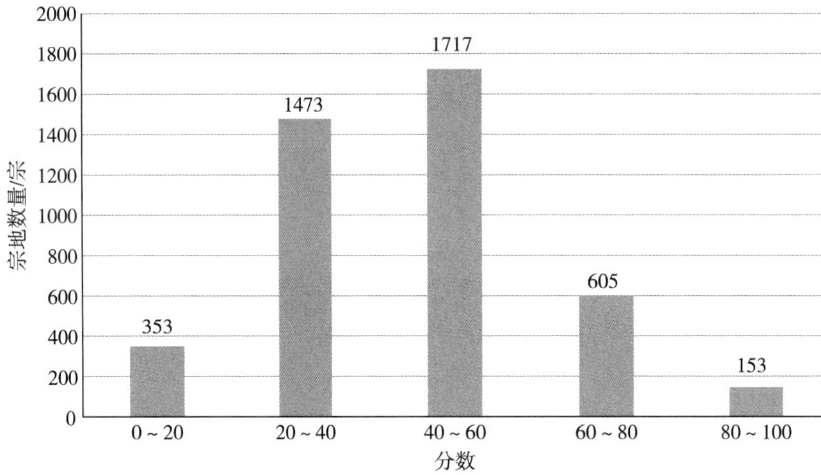

图 3-13　规模以下企业以 1.5 倍平均值作为理想值时分数分布图

将各指标平均值的 2 倍作为理想值时，20 分以下的宗地数量为 527 宗，20~40 分的宗地有 1931 宗，40~60 分的宗地数量为 1428 宗，60~80 分的宗地有 361 宗，80 分以上的宗地仅 54 宗，所有数据平均得分为 38.43 分，数据得分总体较低，合理性较差（图 3-14）。

将指标平均值的 1.2 倍作为理想值时，20 分以下的宗地数量为 255 宗，20~40 分的宗地数量为 1184 宗，40~60 分的宗地数量为 1821 宗，60~80 分的宗地数量为 791 宗，80

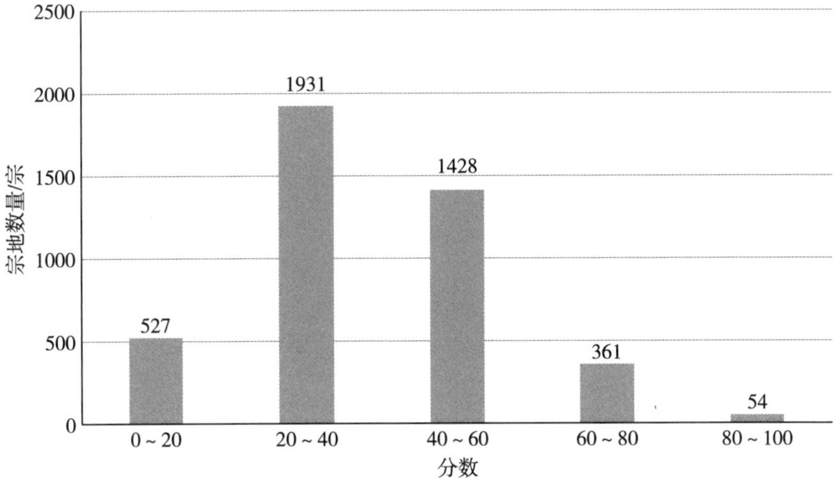

图 3-14 规模以下企业以 2 倍平均值作为理想值时分数分布图

分以上的宗地数量为 250 宗，分数分布情况比前两种结果略好，但平均得分仍偏低，为 48.29 分（图 3-15）。

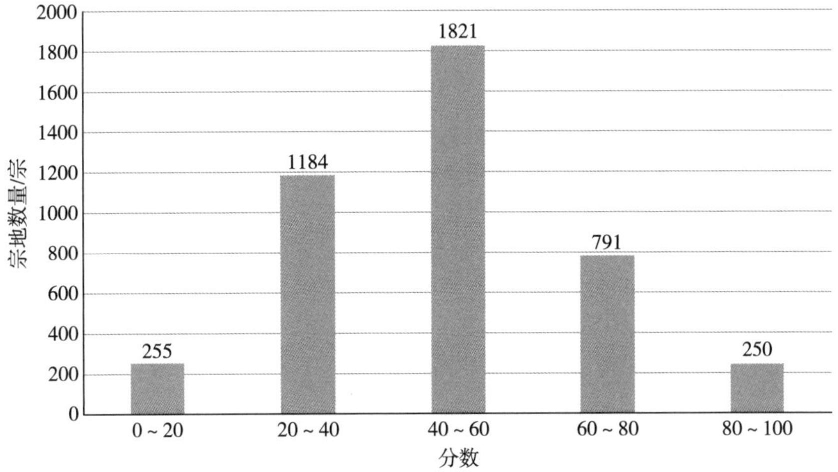

图 3-15 规模以下企业以 1.2 倍平均值作为理想值时分数分布图

将指标的中位数作为理想值时，20 分以下的宗地数量为 128 宗，20~40 分的宗地数量为 637 宗，40~60 分的宗地有 1483 宗，分值分布在 60~80 分之间的宗地数量为 1330 宗，80 分以上的宗地数量为 723 宗，平均得分为 58.88 分，整体合理性较好（图 3-16）。

规模以下企业数据离散度较大，平均值不能很好地体现出不同宗地间的绩效差异，且总体分值偏低，本次规模以下企业工业用地绩效评估指标体系理想值基于中位数，并结合《山东省建设用地控制标准（2019 年版）》调整获得，具体理想值的设定如表 3-22 所示。

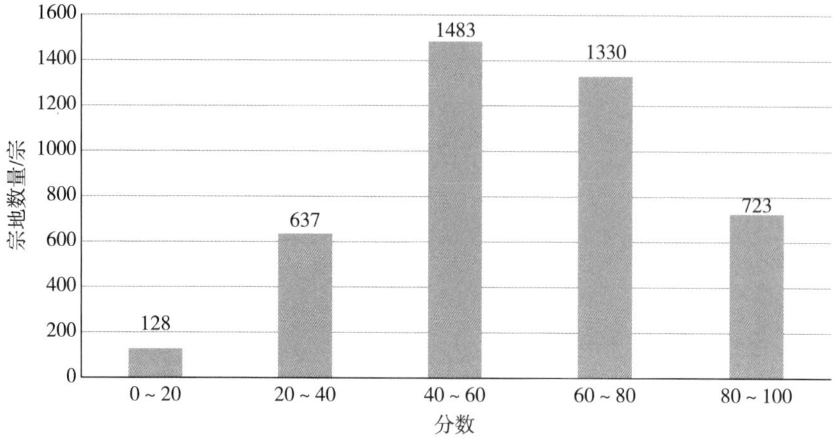

图 3-16　规模以下企业以中位数作为理想值时分数分布图

表 3-22　规模以下企业工业用地绩效评估指标体系理想值

目标	子目标	指标	单位	理想值
土地利用状况	用地结构状况	生产性用地比例	%	35.73
		行政办公与生活服务设施用地率	%	7.00
	土地利用强度	综合容积率	—	0.39
		建筑密度	%	40.00
用地效益	综合用地效益	单位工业用地工业总产值	万元/公顷	672.77
		单位工业用地税收额	万元/公顷	13.79

3）不同体系总分测算

将全省样本数据分类分别代入到对应级别的开发区工业用地绩效评估指标体系中，根据各体系的理想值计算各宗地绩效总分，国家级开发区工业用地绩效评估平均分为67.56，省级开发区工业用地绩效评估平均分为68.10。国家级开发区的各指标理想值多数略高于省级开发区，最终计算出的全省范围内的平均分显示，国家级开发区工业用地绩效总分略低于省级开发区。总体来看，国家级开发区工业用地绩效评分略高于省级开发区工业用地绩效评分，即国家级开发区工业用地绩效较优于省级开发区工业用地绩效。

根据规模以上和规模以下工业企业用地绩效评估指标体系进行计算，结果显示规模以上工业企业用地绩效评估平均分为69.01，规模以下工业企业用地绩效评估平均分为58.88。规模以上工业企业用地绩效评估指标体系中各指标的理想值均高于规模以下工业企业用地，尤其是用地效益中，单位工业用地工业总产值规模以上工业企业用地理想值是规模以下工业企业用地的2.55倍，单位用地税收额规模以上工业企业用地理想值是规模以下工业企业用地的3.56倍。最终计算出的全省范围内平均分显示，规模以上工业企业用地绩效总分高于规模以下工业企业用地。总体来看，山东省规模以上工业企业用地绩效评分高于规模以下工业企业用地绩效评分，即规模以上企业工业用地绩效优于规模以下企业工业用地绩效。

五、指标体系适用性分析及实证研究

开发区工业用地绩效评估指标体系的建设工作分为两个不同的方面：一是根据开发区层级的不同，建设国家级开发区工业用地绩效评估体系和省级开发区工业用地绩效评估体系；二是根据企业规模的不同，分别建设规模以上企业开发区工业用地绩效评估体系和规模以下企业开发区工业用地绩效评估体系。为验证本次建设的开发区工业用地绩效评估体系适用性，研究挑选了数据相对较全面的 4 个不同层级、不同类型的开发区，分别代入对应体系中进行测算分析。

根据已有基础数据，选取两个国家级开发区和两个省级开发区，分别为德州市高新技术产业开发区、烟台市经济技术开发区、寿光市经济开发区和滕州市经济开发区。德州市高新技术产业开发区相对完善的可用数据有 174 宗，烟台市经济技术开发区较完善的数据有 105 宗，寿光市经济开发区较完善的数据有 95 宗，滕州市经济开发区较完善的数据有 159 宗。

以上 4 个开发区的工业用地数据分别代入国家级开发区工业用地绩效评估指标体系和省级开发区工业用地绩效评估指标体系，得到不同层级下的开发区工业用地绩效总分，德州市高新技术产业开发区平均分为 66. 57 分，烟台市经济技术开发区平均分为 69. 28 分，寿光市经济开发区平均分为 76. 34 分，滕州市经济开发区平均分为 72. 75 分。各开发区不同宗地间的绩效评分差异较大，且空间分布较为分散（表 3-23）。

表 3-23　不同层级开发区工业用地绩效评估指标体系得分一览表

开发区名称	开发区级别	用地数量/宗	最大值	最小值	平均值
德州市高新技术产业开发区	国家级	174	96. 57	34. 75	66. 57
烟台市经济技术开发区	国家级	105	96. 99	36. 56	69. 28
寿光市经济开发区	省级	95	95. 14	32. 97	76. 34
滕州市经济开发区	省级	159	99. 88	35. 29	72. 75

分别将各开发区内的工业用地分为规模以上企业工业用地和规模以下企业工业用地，德州市高新技术产业开发区规模以上企业用地数量为 74 宗，规模以下企业用地数量为 100 宗；烟台市经济开发区规模以上企业用地数量为 90 宗，规模以下企业用地数量为 15 宗；寿光市经济开发区规模以上企业用地数量为 68 宗，规模以下企业用地数量为 27 宗；滕州市经济开发区规模以上企业用地数量为 67 宗，规模以下企业用地数量为 92 宗。具体得分情况如表 3-24、表 3-25 所示。

表 3-24　不同开发区规模以上企业工业用地绩效评估指标体系得分一览表

开发区名称	开发区级别	用地数量/宗	最大值	最小值	平均值
德州市高新技术产业开发区	国家级	74	97. 42	32. 21	71. 58
烟台市经济技术开发区	国家级	90	92. 52	32. 65	67. 22
寿光市经济开发区	省级	68	93. 4	32. 09	74. 81
滕州市经济开发区	省级	67	99. 92	31. 66	76. 23

表 3-25 不同开发区规模以下企业工业用地绩效评估指标体系得分一览表

开发区名称	开发区级别	用地数量/宗	最大值	最小值	平均值
德州市高新技术产业开发区	国家级	100	94.98	22.37	60.49
烟台市经济技术开发区	国家级	15	83.41	25.09	54.37
寿光市经济开发区	省级	27	94.19	21.34	68.13
滕州市经济开发区	省级	92	100.00	17.40	61.57

整体来看，开发区工业用地绩效评估总分值偏低，需要进一步挖掘潜力，更好促进经济发展。各项指标的进一步分析详见《典型开发区工业用地布局优化报告》（德州市高新技术产业开发区、烟台市经济技术开发区、寿光市经济开发区和滕州市经济开发区）。

两类开发区工业用地绩效评估指标体系均能够较好地体现出开发区范围内不同宗地之间的绩效差异，相较于国家级和省级开发区工业用地绩效评估指标体系，分规模以上和规模以下的开发区工业用地绩效评估指标体系。由于指标、权重值等的确定过程充分考虑了规模以上和规模以下企业的不同，指标及其权重的选择更具有针对性，两者的区别也更加明显，更能反映不同宗地之间的差异性。

总体来说，开发区企业分布较为分散，要积极推进一体化建设，应加强产业结构优化，通过相关政策对产业发展加以引导，形成产业集聚群，以有限的投入带动更好的发展。同时注重按照产业门类、产业链定向招商，形成适当规模的产业集群，加强相互间的产业合作，从而降低社会成本，提高企业效益。加强对能耗过大、环境污染较重的企业的技术性改造，积极发展经济效益高、环境污染小的产业。开发区范围内工业企业用地分布较为分散，给基础设施的建设和优惠措施的设置带来了压力。

第二节 县级工业用地绩效评估指标体系研究

一、研究现状

绩效的概念首先在西方新制度经济学中被引入，诺斯在《制度、制度变迁与经济绩效》一书中认为“绩效”是“Performance”，即制度的表现。部分西方学者指出，绩效是一个多维建构，测量的因素不同，其结果也会不同。由此可知，对绩效进行评估是非常困难的。现阶段，国内外学者对城市用地绩效较为关注，而关于单一功能用地绩效评估的研究较为少见，专门针对工业用地绩效的评估研究则更为薄弱，研究方法以借助数据包络分析方法的单指标分析法、综合指标分析法、生产函数等为主，但尚未形成统一的评价指标体系及其指标的标准值。综合已有研究成果，关于工业用地集约利用评价指标体系的主要成果有以下两种指标体系。

（一）《开发区土地集约利用评价规程（2014 年度试行）》指标体系

1. 指标体系分析

开发区土地集约利用评价作为园区绩效监管的重要手段，其指标体系研究对工业用地绩效评估在实现土地利用方式和经济增长模式转变上具有重要指导意义。关于开发区土地集约利用评价的研究，国内学者在评价方法的优化、指标权重和理想值的合理确定及潜力分析等方面做了大量的工作，取得了较多的成果。开发区土地集约利用评价研究的核心内容是建立科学的评价指标体系，指标体系的科学性是评价结果真实合理的关键。诸多学者对开发区土地集约利用评价指标体系做了深入的研究，从评价指标构成上看，多注重于从土地利用程度、用地结构、土地投入产出效益以及土地的管理绩效等方面构建指标体系，也有部分学者考虑了土地的可持续能力、土地的利用趋势和土地利用的社会、生态效益等；从评价方法上看，较多运用文献分析法、结构方程 R 模型和“物理 事理 人理”系统方法论等模型方法进行指标体系的搭建，促进了开发区土地集约利用评价指标体系的改进和完善。

2008 年 7 月，国土资源部在总结开发区土地集约利用评价试点工作经验的基础上，首次制定并发布了《开发区土地集约利用评价规程（试行）》，经过两次修编后，现今使用的是 2014 年 4 月发布的《开发区土地集约利用评价规程（2014 年度试行）》(以下简称《规程》)。现行《规程》指标体系由目标层、子目标层和指标层 3 个层次构成，并且按照批准范围内的工矿仓储用地、住宅用地占已建成城镇建设用地的比例情况，将所有开发区分为工业主导型和产城融合型。两种类型开发区的指标体系目标层是一致的，包括土地利用状况、用地效益和管理绩效 3 个维度。工业主导型开发区指标体系包含了 3 个目标、5 个子目标和 11 个指标，其中主区指标数量为 10 个，发展方向区指标数量为 9 个。产城融合型开发区指标体系包含了 3 个目标、4 个子目标和 8 个指标，其中主区指标数量为 7 个，发展方向区指标数量为 6 个（表 3-26）。

表 3-26 《开发区土地集约利用评价规程（2014 年度试行）》指标体系

目标层	子目标层	指标层	工业主导型		产城融合型	
			主区	发展方向区	主区	发展方向区
土地利用状况	土地利用程度	土地开发率		√		√
		土地供应率	√		√	
		土地建成率	√		√	
	用地结构状况	工业用地率	√	√		
	土地利用强度	综合容积率	√	√	√	√
		建筑密度	√	√	√	√
		工业用地综合容积率	√	√		
		工业用地建筑系数	√	√		
用地效益	产业用地投入产出效益	工业用地固定资产投入强度	√	√		
		工业用地地均税收	√	√		
		综合地均税收			√	√
		人口密度			√	√
管理绩效	土地利用监管绩效	土地闲置率	√	√	√	√
指标数量合计		13	10	9	7	6

1）指标确定与计算

开发区土地集约利用程度评价指标包括目标、子目标和指标 3 个层次，程度评价指标体系从土地利用状况、用地效益和管理绩效 3 个方面确定。评价指标现状值的计算，需结合用地调查和指标确定开展。

2）指标权重确定

可以采用德尔菲法、因素成对比较法、层次分析法等方法确定。

（1）德尔菲法。通过对评价目标、子目标、指标的权重进行多轮专家打分，以所有专家打分的均值作为权重值。

（2）因素成对比较法。通过对所选评价指标进行相对重要性两两比较、赋值，计算权重值。

（3）层次分析法。通过对评价目标、子目标、指标相对重要性进行判断，组成判断矩阵，计算权重值。

3）指标理想值确定

可以采用目标值法、经验借鉴法、专家咨询法等方法确定。

（1）目标值法。结合国民经济和社会发展规划、土地利用总体规划、城乡规划等相关规划，以及有关用地标准、行业政策等，在分析土地利用现状的基础上，确定指标理想值。

（2）经验借鉴法。参考相关开发区土地集约利用先进水平，确定指标理想值。

（3）专家咨询法。选择一定数量（10~40 人）熟悉城市、开发区经济社会发展和土地利用状况的专家，提供相关材料，咨询确定指标理想值。

4）指标标准化

评价指标标准化应采用理想值比例推算法，以指标实现度分值（指标现状值与理想值的比值）进行度量。

5）土地利用集约度分值计算

（1）子目标分值计算。开发区土地利用集约度子目标分值计算公式如式（3-26）所示：

$$F_{mij} = \sum_{k=1}^{n} (S_{mijk} \times W_{mijk}) \tag{3-26}$$

式中：F_{mij}为 m 评价范围 i 目标 j 子目标的土地利用集约度分值；S_{mijk}为 m 评价范围 i 目标 j 子目标 k 指标的实现度分值；W_{mijk}为 m 评价范围 i 目标 j 子目标 k 指标相对 j 子目标的权重值；m 值取 1 时为主区，取 2 时为发展方向区；n 为指标个数。

（2）目标分值计算。开发区土地利用集约度目标分值计算公式如式（3-27）所示：

$$F_{mi} = \sum_{j=1}^{n} (F_{mij} \times W_{mij}) \tag{3-27}$$

式中：F_{mi}为 m 评价范围 i 目标的土地利用集约度分值；F_{mij}为 m 评价范围 i 目标 j 子目标的土地利用集约度分值；W_{mij}为 m 评价范围 i 目标 j 子目标相对 i 目标的权重值；m 值取 1 时为主区，取 2 时为发展方向区；n 为子目标个数。

（3）评价范围分值计算。开发区土地利用集约度评价范围分值计算公式如式（3-28）所示：

$$F_m = \sum_{i=1}^{n} (F_{mi} \times W_{mi}) \tag{3-28}$$

式中：F_m为 m 评价范围的土地利用集约度分值；F_{mi}为 m 评价范围 i 目标的土地利用集约度分值；W_{mi}为 m 评价范围 i 目标的权重值；m 值取 1 时为主区，取 2 时为发展方向区；n 为目标个数。

（4）综合分值计算。开发区土地利用集约度综合分值计算公式如式（3-29）所示：

$$F = \sum_{m=1}^{2} (F_m \times W_m) \tag{3-29}$$

式中：F 为土地利用集约度综合分值；F_m为 m 评价范围的土地利用集约度分值；W_m为 m 评价范围的权重值；m 值取 1 时为主区，取 2 时为发展方向区。

2. 指标体系局限性

现有的以《规程》为指导标准的工业用地绩效评估制度以及工业用地集约利用水平评价的相关研究依然存在不足。通过指标绝对值的高低对工业用地土地利用绩效进行衡量是不够严谨的，主要包括两方面问题：一方面，以地均产出反映土地利用效率时，过度看重绝对指标的多少会忽略工业用地本身由位置不同或级别不同所可能导致的优劣差异；另一方面，由于评价指标选取不够全面，往往只看重经济效益和社会效益，缺少对环境影响的衡量，忽略了工业污染排放对周围区域土地利用和城市发展协调性的负面影响。

（1）对于工业用地的绩效评估而言，要以指标的绝对值衡量土地利用情况，必须是所有工业园区都在同一起跑线上，即不同工业用地的土地利用潜力和其生产环境都完全相同，工业用地利用绩效的差异仅来源于工业园区自身的管理，土地利用绩效绝对落后的工业用地可以通过努力赶上。但实际上，这样的假设是不成立的，原因在于工业用地的空间差异和工业园区受到的政策待遇都有着非常大的差异，工业用地的空间差异问题对其利用效率的影响非常大，位于不同地区的工业用地，可能存在交通和市场等多方面的差异，地理位置好的工业用地，其内部工业企业能更好地依托城市功能发展。例如，工业用地靠近市中心，就能享受更多城市功能的辐射以及享有更大的产品市场；工业用地邻近交通枢纽，如铁路枢纽或港口码头，则能获得更好的交通通达性，便于原料和产品的物流运输。工业园区级别的不同也会导致其土地利用效率产生显著差异。例如，国家级的工业园区一般有更多的政策优惠，包括税收减免、人才政策、土地优惠等，也会有相对更完善的基础设施投入，有利于土地生产效率的提高。因此，工业用地的区位差异对企业的吸引力是不同的，地理位置较好、政策较优惠的工业园区更容易吸引优秀企业，土地平均产出会更高。由绝对指标所体现的“绝对绩效”并不能说明工业园区是否完全挖掘了其区位条件下的土地利用潜力，绝对指标数值较低并不能说明土地潜力的挖掘程度不足，也不能说明土地集约节约利用水平一定很低。只有个别除空间差异、政策差异等因素后的“相对指标”，才能让所有工业园区位于同一起跑线，真正反映出实际由技术水平集聚经济和园区管理等因素促使的土地利用效率的提高。

（2）工业用地在开发利用的过程中，除产生经济效益，并为社会创造工作岗位外，还会向水、土壤、空气中排放各类污染物，对自然资源造成破坏。工业用地对国民经济产生巨大贡献的背后，也背负了或大或小的环境责任。工业企业排放的污染不但会限制该片土地的可持续利用，而且会在不同程度上对工业用地周围不同类型土地的开发和利用起到负面影响。现行的土地利用绩效评估主要是使用工业园区自身的相关指标进行评估，实际上是把工业园区作为孤立的个体进行研究，在一定程度上忽略了工业园区对周围其他地物的影响。工业园区的设置，一方面会因为工业产出促进经济发展，另一方面也会因为带来的环境污染而使周围区域土地利用效率下降。当工业园区功能与城市功能发生冲突时，城市功能受到损害，由此导致的社会冲突会逐步增加；而当工业园区功能与城市功能互补时，能够促进城市的发展。政府土地管理的目标是为了实现区域或城市整体土地利用效率的最大化，不应只局限于各单独地块的利用效率。因此，需要衡量工业园区的环境影响，把工业用地对其他用地的影响也纳入工业园区的绩效评估中，将园区个体的绝对绩效转变为包括整体区域影响的相对绩效。

（二）《工业用地集约利用评价技术规范》指标体系

为全面贯彻落实《山东省人民政府办公厅关于进一步推进节约集约用地的意见》（鲁政办发〔2013〕36 号）和《山东省人民政府关于创建国土资源节约集约示范省的实施意见》（鲁政发〔2018〕8 号）等文件精神，规范全省工业用地集约利用调查评价工作，由山东省自然资源厅制定《工业用地集约利用评价技术规范》（以下简称《规范》）。其步骤和方法主要包括以下 5 个方面。

1）指标确定与计算

工业用地集约利用评价从土地利用状况、用地效益、生态影响、运营状况 4 个方面开展，评价体系包括目标、子目标和指标 3 个层次。土地利用状况指评价时点该宗工业用地的利用现状情况，主要包括土地利用程度、用地结构状况及土地利用强度 3 项子目标及 6 项指标；用地效益反映的是评价时点该宗工业用地的利用效益情况，主要包括单位用地吸纳就业人员数、单位工业用地固定资产强度和单位工业用地税收额 3 项指标；生态影响反映的是评价时点该宗工业用地的生态影响情况，包含单位用地工业废水污染物排放强度、单位用地废气污染物排放强度和单位用地能源消耗强度 3 项指标；运营状况反映的是评价年该宗工业用地上企业的生产经营情况，以企业生产运营状态指标表示（表 3-27）。

表 3-27　工业用地集约利用评价指标体系

目标层	子目标层	指标层	属性
土地利用状况	土地利用程度	土地建成率	正向
	用地结构状况	生产性用地比例	正向
		行政办公与生活服务设施用地率	负向
		绿地率	负向
	土地利用强度	综合容积率	正向
		建筑密度	正向

续表

目标层	子目标层	指标层	属性
用地效益	综合用地效益	单位用地吸纳就业人员数	正向
		单位工业用地固定资产强度	正向
		单位工业用地税收额	正向
生态影响	综合生态效益	单位用地工业废水污染物排放强度	负向
		单位用地废气污染物排放强度	负向
		单位用地能源消耗强度	负向
运营状况	企业生产运营情况	企业生产运营状态	正向
指标数量合计	6	13	—

2）指标权重确定

指标权重依据目标、子目标、指标对工业用地集约利用的影响程度确定。目标、子目标和指标的权重可采用德尔菲法确定。

3）指标理想值确定

理想值确定可采用目标值法、经验借鉴法、专家咨询法等方法确定。

（1）目标值法。结合国民经济和社会发展规划、国土空间规划等相关规划，以及有关用地标准、行业政策等，在分析土地利用现状的基础上，确定指标理想值。

（2）经验借鉴法。参考区域内各类行业工业用地集约利用的先进水平，分别确定指标理想值。

（3）专家咨询法。选择一定数量（10~40 人）熟悉区域经济社会发展和土地利用状况的专家，提供相关材料，咨询确定指标理想值。

4）指标标准化

正向评价指标标准化应采用理想值比例推算法，以指标实现度分值进行度量。

负向评价指标标准化应采用互补式理想值比例推算法，以指标实现度分值进行度量。

对于运营状况目标、企业生产运营情况子目标下的企业生产运营状态指标，采用赋值法进行标准化。

5）工业用地集约度测算

（1）子目标分值计算。工业用地绩效评估子目标分值计算公式如式（3-30）所示：

$$F_{ij} = \sum_{k=1}^{n} (S_{ijk} \times W_{ijk}) \tag{3-30}$$

式中：F_{ij} 为第 i 宗工业用地的 j 子目标的工业用地集约度分值；S_{ijk} 为第 i 宗工业用地的 j 子目标的 k 指标的实现度分值；W_{ijk} 为第 i 宗工业用地的 j 子目标的 k 指标相对 j 子目标的权重值；n 为指标个数。

（2）目标分值计算。工业用地绩效评估目标分值计算公式如式（3-31）所示：

$$F_{i} = \sum_{j=1}^{n} (F_{ij} \times W_{ij}) \tag{3-31}$$

式中：F_i 为第 i 宗工业用地的工业用地绩效综合分值；F_{ij} 为第 i 宗工业用地的 j 子目标的工业用地绩效分值；W_{ij} 为第 i 宗工业用地的 j 子目标相对 i 目标的权重值；n 为指标个数。

（三）两种指标体系的对比分析

开发区土地作为城镇土地的一部分，其集约利用以实现开发区土地经济、社会和生态效益最优为目标，与开发区转型发展背景下强调创新驱动、绿色集约、走高质量发展之路的宗旨不谋而合。一方面，《规程》中的指标体系侧重于反映开发区土地的投入产出效益，对土地利用的社会和生态效益关注不够，缺少相应的指标；另一方面，开发区土地集约利用并非静态结果，而是动态的利用过程，《规程》指标体系设计的所有指标仅能反映土地利用的静态水平，缺少反映开发区土地集约利用水平动态变化的指标。《规范》指标体系在《规程》指标体系的基础上进行了优化，在层次结构和具体指标方面进行了完善，构建了更加科学合理的土地集约利用评价指标体系，具备动态性和综合性，对工业用地绩效评估指标体系的研究具有重要的参考价值。《规程》和《规范》的差别主要体现在以下 3 个方面。

1. 目标层设计

《规程》评价指标体系目标层从土地利用状况、用地效益、管理绩效 3 方面设计。土地利用状况和用地效益的责任主体是土地使用者，管理绩效的责任主体是土地管理者。《规范》评价指标体系目标层保留了土地利用状况和用地效益目标层，增加了生态影响目标层和运营状况目标层（表 3-28）。

表 3-28 目标层设计对比表

名称	《开发区土地集约利用评价规程（2014 年度试行）》	《工业用地集约利用评价技术规范》
目标层	土地利用状况	土地利用状况
	用地效益	用地效益
	管理绩效	生态影响
	—	运营状况

2. 子目标层设计

《规程》评价指标体系土地利用状况子目标层包括土地利用程度、用地结构状况和土地利用强度 3 个子目标层，与《规范》土地利用状况子目标层一致。《规程》用地效益子目标层为产业用地投入产出效益，仅能反映土地利用的经济效益，对用地效益目标的反映不完整，指标体系缺乏综合性；而《规范》用地效益子目标层为综合用地效益，相对较为全面。《规程》管理绩效子目标层仅包含土地利用监管绩效。《规范》无土地利用监管绩效子目标层，增加了综合生态效益与企业生产运营情况两个子目标层（表 3-29）。

表 3-29 子目标层设计对比表

名称	《开发区土地集约利用评价规程（2014 年度试行）》	《工业用地集约利用评价技术规范》
子目标层	土地利用程度	土地利用程度
	用地结构状况	用地结构状况

续表

名称	《开发区土地集约利用评价规程（2014 年度试行）》	《工业用地集约利用评价技术规范》
子目标层	土地利用强度	土地利用强度
	产业用地投入产出效益	综合用地效益
	土地利用监管绩效	综合生态效益
	—	企业生产运营情况

3. 指标层设计

（1）《规范》增加了生态效益相关指标，包括单位用地工业废水污染物排放强度、单位用地废气污染物排放强度、单位用地能源消耗强度，以反映生态效益。

（2）《规范》增加了企业生产运营状态指标，能够更好地反映工业用地企业的生产经营情况。

（3）《规范》调整了部分指标，如《规程》中的用地结构状况仅用工业用地率反映，而《规范》中的用地结构状况则包含生产性用地比例、行政办公与生活服务设施用地率、绿地率 3 个指标（表 3–30）。

表 3–30　指标层设计对比表

名称	《开发区土地集约利用评价规程（2014 年度试行）》	《工业用地集约利用评价技术规范》
指标层	土地开发率	土地建成率
	土地供应率	生产性用地比例
	土地建成率	行政办公与生活服务设施用地率
	工业用地率	绿地率
	综合容积率	综合容积率
	建筑密度	建筑密度
	工业用地综合容积率	单位用地吸纳就业人员数
	工业用地建筑系数	单位工业用地固定资产强度
	工业用地固定资产投入强度	单位工业用地税收额
	工业用地地均税收	单位用地工业废水污染物排放强度
	综合地均税收	单位用地废气污染物排放强度
	人口密度	单位用地能源消耗强度
	土地闲置率	企业生产运营状态

二、研究方法

通过整理工业用地绩效调查数据、企业信息数据、工业用地建设和建筑数据以及部门共享数据入库管理和年度更新，建立土地利用状况、用地效益状况、生态环境影响状况等内容的工业用地绩效评估指标体系。调查的内容包括土地审批和实际占地情况、企业基本情况、企业生产经营情况、工业用地建设情况。根据收集到的基础数据，采用目标分析法、层次分析法、德尔菲法综合确定县级工业用地绩效评估指标，最终整理汇总评价指标体系。其中，工业用地比例、工业用地分布特征、工业用地面积、地均固定资产投资、地均吸纳就业人员数、单位用地税收、单位用地能源消耗强度等指标，均是评价体系中需要重点关注的内容。

数据主要来源于相关部门收集及实地调查。其中，用地情况数据依据不动产登记数据、供地信息图斑、“三调”数据及遥感影像图，采用资料判读和图解法确定；建筑情况数据采用图解法、用地单位填报与原始规划数据资料对比、实地走访相结合的方法调查；企业生产经营情况数据以乡镇、企业填报为主，以工业和信息化部门“亩产效益”评价数据为辅。

三、评估指标体系的建立与计算

工业用地绩效评估指标体系是多层次、多目标的体系，追求的是工业用地内部经济效益、社会效益、环境效益的最大化，其内涵十分丰富。结合上述山东省工业企业现状，研究建立一整套完整的指标体系，可对全省工业企业资源能源占用情况进行综合绩效评估，为提高工业用地节约集约利用水平提供参考。

（一）评估指标体系建立原则

科学完整的评价指标体系，不仅能够反映影响工业用地集约节约利用的因素及其内在关系，还能体现评价结果的科学性与可靠性。建立工业用地绩效评估评价指标体系，应该坚持以下原则：

（1）代表性。指标体系应反映工业用地集约节约利用的特点和工业经济运行的独特规律。

（2）独立性。指标体系中应排除密切相关的指标，选用相互独立的指标。

（3）系统性。指标体系的构成应反映工业用地经济效益形成要素的主要方面和内在联系。

（4）层次性。指标体系应根据研究系统的结构分出层次，由宏观到微观，由抽象到具体。

（5）可操作性。指标体系应尽可能选择已有的统计指标，保证数据的可采集性，不能片面追求系统状态的完整描述，选择指标数量过多，或者选择难以获取的指标。

（二）指标体系及其含义

本研究建立的工业用地绩效评估指标体系，其目的是评价工业用地的现状集约利用水平，而不是评价工业用地集约利用的潜力。因此，在选择指标时，只选择对现状集约利用水平有重要影响的因素（表3-31）。

表 3-31 工业用地绩效评估指标体系

目标	子目标	指标	属性
土地利用状况	土地利用程度	土地建成率	正向
	用地结构状况	生产性用地比例	正向
		行政办公与生活服务设施用地率	负向
		绿地率	负向
		高新技术产业用地率	正向
	土地利用强度	综合容积率	正向
		建筑密度	正向
用地效益	综合用地效益	单位用地吸纳就业人员数	正向
		单位工业用地固定资产投资强度	正向
		单位工业用地税收额	正向
		全员劳动生产率	正向
生态影响	综合生态效益	单位用地工业废水污染物排放强度	负向
		单位用地废气污染物排放强度	负向
		单位用地能源消耗强度	负向
		单位销售收入用电量	负向
运营状况	企业生产运营情况	企业生产运营状态	正向

1. 土地利用状况

土地利用状况指评价时点该宗工业用地的利用现状情况。依据工业用地的特点，选取反映土地利用程度、用地结构状况及土地利用强度的7项指标。

（1）土地建成率（必选因子）。反映工业用地内部的建成状况，指每宗工业用地范围内已经建成并投入生产经营的用地面积与该宗工业用地总面积的比值，单位为%。

（2）生产性用地比例（必选因子）。反映工业用地中生产性用地的比例，指每宗工业用地范围内厂房及配套用地面积和露天堆场、露天操作场地面积之和与该宗工业用地总面积的比值，单位为%。

（3）行政办公与生活服务设施用地率（必选因子）。反映工业用地中行政办公与生活服务设施用地的比例，指每宗工业用地范围内行政办公与生活服务设施用地面积与该宗工业用地总面积的比值，单位为%。

（4）绿地率（必选因子）。反映工业用地中绿地的比例，指每宗工业用地范围内绿化用地面积与该宗工业用地总面积的比值，单位为%。

（5）高新技术产业用地率（可选因子）。反映工业用地中高新技术产业用地的比例，指每宗工业用地范围内高新技术产业用地面积与该宗工业用地总面积的比值，单位为%。其指标只反映高新技术产业用地的比例，对工业用地绩效评估影响程度较低，因此将其作为评价的可选因子。

（6）综合容积率（必选因子）。反映工业用地的综合利用程度，指每宗工业用地上的总建筑面积与该宗工业用地总面积的比值，无量纲。

（7）建筑密度（必选因子）。反映工业用地的平面利用状况，指每宗工业用地内已建成的建筑基底总面积与该宗工业用地总面积的比值，单位为%。

2. 用地效益

用地效益反映的是评价时点该宗工业用地的利用效益情况。主要包括以下 4 个指标：

（1）单位用地吸纳就业人员数（必选因子）。反映工业用地解决人口就业的情况，指每宗工业用地的企业在岗职工人数与该宗工业用地面积的比值，单位为人/公顷。

（2）单位工业用地固定资产强度（必选因子）。反映单位工业用地的投入强度，指每宗工业用地范围内的工业（物流）企业累计固定资产投资总额与该宗工业用地面积之比，单位为万元/公顷。

（3）单位工业用地税收额（必选因子）。反映单位工业用地的产出效益，指每宗工业用地范围内的工业（物流）企业税收总额与该宗工业用地面积之比，单位为万元/公顷。

（4）全员劳动生产率（可选因子）。指根据产品的价值量指标计算的平均每一个从业人员在单位时间内的产品生产量，等于企业的工业总产值与年平均职工人数的比值，属于正向相关指标。单位用地吸纳就业人员数比该指标更能反映工业用地的集约节约利用状况，因此将单位用地吸纳就业人员数作为必选因子，而将该指标作为可选因子评估工业用地绩效水平。

3. 生态影响

生态影响反映的是评价时点该宗工业用地的生态影响情况。主要包括以下 4 个指标：

（1）单位用地工业废水污染物排放强度（必选因子）。反映单位工业用地的废水中污染物排放量，指每宗工业用地范围内的工业（物流）企业排放的工业废水中 COD 年排放量和氨氮年排放量之和与该宗工业用地面积之比，单位为吨/公顷。

（2）单位用地废气污染物排放强度（必选因子）。反映单位工业用地的废气中污染物排放量，指每宗工业用地范围内的工业（物流）企业排放的废气中二氧化硫年排放量和氮氧化物年排放量之和与该宗工业用地面积之比，单位为吨/公顷。

（3）单位用地能源消耗强度（必选因子）。反映单位工业用地的能源消耗水平，指每宗工业用地范围内的工业（物流）企业年综合能耗量与该宗工业用地面积之比，单位为吨/公顷。

（4）单位销售收入用电量（可选因子）。指用电量与销售收入的比值，单位为千瓦时/元，属于负向相关指标。单位用地能源消耗强度指标比该指标更能反映工业用地集约节约利用状况，因此将单位用地能源消耗强度作为必选因子，而将该指标作为可选因子评估工业用地绩效水平。

4. 运营状况

运营状况反映的是评价年该宗工业用地上企业的生产运营情况。以企业生产运营状态指标表示，反映工业用地上企业的生产经营情况，指每宗工业用地范围内的工业（物流）企业是否正常经营，属于定性指标。

（三）评价指标权重确定

1. 权重确定原则

评价指标权重应依据目标、子目标、指标对工业用地绩效的影响程度确定。评价目标、子目标、指标的权重值应在0~1之间，各评价目标的权重值之和、同一目标下各子目标的权重值之和、同一子目标下各指标的权重值之和都为1。

2. 权重确定方法

目标、子目标和指标的权重可采用德尔菲法确定。通过对评价目标、子目标、指标的权重进行多轮专家打分，并按式（3-32）计算权重值。

$$W_i = \frac{\sum_{j=1}^{n} E_{ij}}{n} \tag{3-32}$$

式中：W_i 为第 i 个目标、子目标或指标的权重；E_{ij} 为专家 j 对于第 i 个目标、子目标或指标的打分；n 为专家总数。

实施要求包括：①参与打分的专家应熟悉城市经济社会发展和土地利用状况，人数一般为10~40人；②打分应参考评价工作的背景材料，在不相互协商的情况下独立进行；③从第二轮打分起，应参考上一轮打分结果进行；④打分一般进行2~3轮。

3. 权重确定结果

经过多轮专家打分，最终确定的工业用地绩效评估指标权重区间如表3-32所示。

表3-32　工业用地绩效评估指标权重区间

目标	权重	子目标	权重	指标	权重
土地利用状况	0.40~0.50	土地利用程度	0.40~0.60	土地建成率	1.00
		用地结构状况	0.25~0.45	生产性用地比例	0.40~0.60
				行政办公与生活服务设施用地率	0.20~0.30
				绿地率	0.20~0.30
		土地利用强度	0.10~0.15	综合容积率	0.40~0.60
				建筑密度	0.40~0.60
用地效益	0.25~0.35	综合用地效益	1.00	单位用地吸纳就业人员数	0.20~0.40
				单位工业用地固定资产强度	0.30~0.40
				单位工业用地税收额	0.30~0.40
生态影响	0.15~0.25	综合生态效益	1.00	单位用地工业废水污染物排放强度	0.25~0.30
				单位用地废气污染物排放强度	0.25~0.30
				单位用地能源消耗强度	0.35~0.45
运营状况	0.10~0.15	企业生产运营情况	1.00	企业生产运营状态	1.00

（四）评估指标理想值确定

1. 理想值确定原则

（1）理想值为工业用地绩效评估各指标在评估时点应达到的理想水平。

（2）理想值应依照节约集约用地原则，在符合有关法律法规、国家和地方制定的技术标准、国土空间规划等要求的前提下，结合本地区的发展实际和管理需求，根据产业用地特点，按照行业分别确定。

（3）理想值原则上应不小于现状值。

（4）理想值确定时，应保证其测算口径与指标现状值调查口径相一致。

（5）采用相关技术标准作为理想值确定依据时，应保证指标理想值与相关技术标准在数据口径等方面相一致。

2. 理想值确定方法

理想值确定可采用目标值法、经验借鉴法、专家咨询法等方法确定。

（1）目标值法。结合国民经济和社会发展规划、国土空间规划等相关规划，以及有关用地标准、行业政策等，在分析土地利用现状的基础上，确定指标理想值。

（2）经验借鉴法。参考区域内各类行业工业用地集约利用的先进水平，分别确定指标理想值。

（3）专家咨询法。选择一定数量（10~40 人）熟悉区域经济社会发展和土地利用状况的专家，提供相关材料，咨询确定指标理想值。

3. 指标标准化方法

1）正向评价指标标准化方法

正向评价指标标准化应采用理想值比例推算法，参照式（3-24）计算。

2）负向评价指标标准化方法

负向评价指标标准化应采用互补式理想值比例推算法，参照式（3-25）计算。

（五）特殊指标标准化方法

对于运营状况目标、企业生产运营情况子目标下的企业生产运营状态指标，采用赋值法进行标准化（表 3-33）。

表 3-33　评估指标赋值标准化

指标名称	赋值标准			
企业生产运营状态	尚未运营或停止运营	部分运营	阶段性运营	完全运营
	0	50	75	100

（1）尚未运营。指截至评价时点，该宗工业用地上生产经营主体尚未投入生产运营。

（2）停止运营。指调查年度内，该宗工业用地上的生产经营主体停止生产运营的时间超过 9 个月。

（3）部分运营。指调查年度内，该宗工业用地上存在多个生产经营主体，处于停止生产运营状态的生产经营主体数量超过三分之一。

（4）阶段性运营。指调查年度内，该宗工业用地上的生产经营主体运营时间超过3个月，但少于9个月。

（5）完全运营。指调查年度内，该宗工业用地上生产经营主体生产经营时间超过9个月。

四、工业用地绩效评估测算

（一）子目标分值计算

工业用地绩效评估子目标分值参照式（3-30）计算。

（二）目标分值计算

工业用地绩效评估目标分值参照式（3-31）计算。

五、工业用地绩效评估潜力测算

工业用地绩效评估潜力分为土地利用程度潜力、用地结构潜力、建筑容积潜力、税收产出潜力4种类型。

（一）土地利用程度潜力测算

土地利用程度潜力是指截至评价时点，工业用地宗地范围内尚未开发建设用地的土地面积，用厂区内部预留地面积表示。其中，厂区内部预留地面积是指根据项目用地规划图，为企业分期建设用地，至评价时点尚未动工建设用地的土地面积。

统计工业用地宗地范围内厂区内部的预留地面积，单位为平方米。

（二）用地结构潜力测算

用地结构潜力是指截至评价时点，工业用地宗地范围内通过用地结构调整可增加的生产性用地面积。

用地结构潜力计算公式为：

$$\text{用地结构潜力}=\text{宗地面积}\times[(\text{行政办公与生活服务设施用地率指标现状值}-\text{行政办公与生活服务设施用地率指标理想值})+(\text{绿地率指标现状值}-\text{绿地率指标理想值})] \tag{3-33}$$

当指标现状值小于理想值时，用地结构潜力为0。

（三）建筑容积潜力测算

建筑容积潜力是指截至评价时点，工业用地宗地范围内根据综合容积率现状值与相应理想值的差距换算形成的用地面积。

建筑容积潜力计算公式为：

建筑容积潜力 =（综合容积率指标理想值 - 综合容积率指标现状值）/综合容积率指标理想值 × 宗地面积 （3-34）

综合容积率指标现状值大于理想值时，建筑容积潜力为0。

（四）税收产出潜力测算

税收产出潜力是指截至评价时点，工业用地宗地范围内根据单位工业用地税收额现状值与相应理想值的差距换算形成的用地面积。

税收产出潜力计算公式为：

税收产出潜力 =（单位工业用地税收额指标理想值 - 单位工业用地税收额指标现状值）/单位工业用地税收额指标理想值 × 宗地面积 （3-35）

单位工业用地税收额指标现状值大于理想值时，税收产出潜力为0。

六、工业用地绩效评估指标体系说明

工业用地绩效评估指标体系主要参考《规范》指标体系中的相关指标，并在其基础上增加了可选择性指标。参考《规范》的原因主要有两方面。

（一）指标设计较为全面

《规范》指标设计较为全面，土地集约利用强调实现经济、生态和社会综合效益的最优，单纯强调土地投入产出率最大化而不重视社会、生态效益的提升背离了土地集约利用的本质要求，且强调生态保护和绿色发展是新时期工业用地高质量发展的必由之路。工业用地作为人类经济活动重要的集聚地区，发挥了吸纳劳动力、解决就业问题的社会作用。因此，需要设置衡量工业用地吸纳劳动力水平等的指标，也需要衡量环境影响的指标，《规范》同时兼顾了多方面的指标，并增加了企业生产运营状态指标。

（二）具备动态性和综合性

相比《规程》指标体系，《规范》指标体系在《规程》指标体系的基础上进行了优化，在层次结构和具体指标方面进行了完善，构建了更加科学合理的土地集约利用评价指标体系，具备动态性和综合性，能够更好地反映土地的集约利用水平，而工业用地绩效评估的目的就是实现土地的集约利用，因此，两者可以通用。

第四章　典型区工业用地绩效评估

典型区以开发区、县域为代表，分别选择德州高新技术产业开发区、青岛市即墨区开展工业用地绩效评估体系验证工作。

第一节　德州高新技术产业开发区工业用地绩效评估

一、基本情况

德州高新技术产业开发区前身为禹城高新技术产业开发区，位于禹城市区东部，1999年3月启动建设，2002年9月被山东省政府批准为省级高新区，2003年2月科技部批准建立国家火炬计划生物技术产业基地，2004年12月正式挂牌，2014年7月更名为德州高新技术产业开发区，2015年经国务院批复晋升为国家高新区。

（一）区位

德州高新技术产业开发区位于德州市禹城市，禹城市位于山东省济南市和德州市之间，是鲁西北区域重要的中心城市之一。德州高新技术产业开发区位于京津冀一体化协同发展和山东省“一圈一带”（省会城市群经济圈、西部经济隆起带）战略叠加区。东距青岛市400千米，西距石家庄市300千米，南距济南市遥墙国际机场60千米，北距天津市200千米，距北京市350千米。4条铁路（京沪、京沪高铁、济邯、太青）在此交会，2条高速（京台、青银）和3条国省道（308国道、101省道、316省道）穿境而过，太原至青岛客运专线设有禹城东站，立体便捷的交通网络为德州高新技术产业开发区融入开放发展格局奠定了坚实基础。

（二）自然条件

德州高新技术产业开发区地处黄河中下游冲积平原，土壤类型以潮土为主。地势平坦，地质构造稳定，地耐力达18~30吨/米^2。属暖温带大陆性季风气候，四季分明，光热充足。年平均日照2655.2小时，年平均气温13.1摄氏度，平均无霜期200天，年平均降水量600毫米，降水量分布均匀。

（三）发展历程

德州高新技术产业园区于1999年启动建设，2002年被批准为省级高新区。历经十几年的发展，取得了显著的业绩，被国家及省、部各部门授予一系列荣誉称号。

2002 年，被山东省政府批准为第一宗设在县级市的省级高新区。

2003 年，被科技部批准为国家火炬计划生物技术产业基地。

2005 年，荣获“中国功能糖城”称号。

2008 年，荣获“中国食品馅料城”“中国新型多肽肥料生产基地”“山东省生态经济十佳县市”“山东省最具发展潜力十佳县市”“山东省金融生态环境建设 A 级市”等称号。

2009 年，荣获“国家高新技术产业基地”“山东省最佳投资城市”“中国半精纺毛纱名城”等称号，被确定为山东省委学习实践科学发展观活动试点市。

2010 年，荣获“山东省最佳投资园区”称号。

2011 年，荣获“山东省最佳投资城市”称号。

2015 年，经国务院批复晋升为国家高新区。

依据《自然资源部 住房和城乡建设部关于国家级开发区四至范围公告》，主区公告面积为 689 公顷，坐标点围合面积为 688. 56 公顷。主区共区分为 3 个区块。其中，主区块 1 范围为：东至京福高速公路、高寨村，南至南环路、赵徒干一支沟，西至东三环路，北至杨桥社区、京福高速公路禹城服务区；区块 2 范围为：东至马店村路，南至戚宗桥村，西至戚宗桥村路，北至南环路；区块 3 范围为：东至草寺村，南至马店村，西至马店村路，北至赵徒干一支沟。

（四）发展优势

德州高新技术产业开发区地处京津冀一体化协同发展和山东省“一圈一带”战略叠加区，在区域发展中机遇良好、优势明显，主要表现在以下 5 个方面：

（1）交通区位优越。现有的立体便捷的交通网络，为德州高新技术产业开发区融入开放发展格局奠定了坚实基础。

（2）产业特色鲜明。作为省内最年轻的国家高新区之一，近年来，德州高新技术产业开发区立足双招双引、产业发展等主责主业，深度对接京津冀协同发展、省会经济圈和济南新旧动能转换先行区，培植壮大了医养健康、高端装备、新能源新材料三大主导产业，并积极培育战略性新兴产业，形成了 3+X 特色产业体系。其中，医养健康产业主要产品功能糖年综合产能 130 万吨，占国际市场的 35%，国内市场的 80%；低聚木糖、木糖醇等产品生产能力居世界第一；低聚糖生产能力居亚洲第一；大豆深加工、玉米深加工等企业内外部循环产业链已初步形成。高端装备产业涵盖新能源汽车、风电整机、工程机械、智能数控机床等众多门类产品。新能源主要涉及污泥发电、太阳能发电、风电、生物质发电等领域；新材料产业主要涵盖梯度硬质合金、碳-碳复合材料、石墨烯、钛合金等高端金属结构材料、高性能复合材料、先进高分子材料以及前沿新材料。先后获批全国第二批科技服务业区域试点、国家生物制造创新型产业集群试点、国家高端装备制造业标准化试点。2020 年 12 月 29 日，德州高新技术产业开发区被国家发展和改革委员会、科学技术部确定为国家绿色产业示范基地，全国共 31 宗，全省唯一一宗。

（3）科技支撑强劲。德州高新技术产业开发区高度重视科技创新和孵化体系建设，科技经费投入年均增长率保持在 20% 以上。2017 年，高新技术产业产值占规模以上工业总产值的比例达到 48.12%。全区建成省级以上研发机构 64 个，其中国家级 27 个，博士后、院士工作站各 5 个。为进一步增强园区发展动力，德州高新技术产业开发区秉承“创新驱动、绿色发展”理念，以理想空间科技企业孵化器为主体，整合科技创新创业园、人才公寓等资源，成功创建国家级孵化器。目前，德州高新技术产业开发区正规划建设中央创新区，总投资近百亿元，着力构筑引才聚才、创新创业的高端平台。

（4）承载功能完善。区内全部实现“九通一平”，管网双向排水、雨污分流，水电气暖供应充足，年供电 16 亿千瓦时，日供气 300 万立方米，日供水 3 万立方米。拥有省级以上创新平台 73 宗，科技经费投入年均增长率保持在 20% 以上，2020 年新增高新技术企业 9 宗，新获批市级以上创新平台 16 宗，高新技术产业产值占比达 51.3%，科技进步对经济增长的贡献率达 58%。创新采用 PPP、EPC+F、产业基金等“+园区”方式，建成高新区专业园区 7 处、镇街分园 10 处，打造全域科技产业成果转化承载平台，形成了落户企业多、建设速度快、项目质量好、集聚效应强的多赢局面。

（5）政策优惠，服务优良。当地政府为来禹城投资发展的企业量身定制了优惠的政策，各级各部门为企业发展提供了优质高效的服务。

目前，德州高新技术产业开发区开启了全面加快“三次创业”的新征程，立足创建国家绿色产业示范基地，围绕打造现代产业、招商工作、科技创新、对外开放、精品服务、协同配套六大体系，抓基础、补短板、开新局，统筹高新区、化工园区和镇街产业园发展，强化双招双引、高企培育和科创平台建设，持续优化基础配套、改善营商环境，凝聚全市资源力量推动高新区跨越发展，全力打造鲁西北创新驱动发展示范区和高质量发展先行区。

（五）发展规划

2014 年，德州高新技术产业开发区管委会聘请北京长城战略研究所为园区做了系统规划，将高新区分核心区和拓展区两部分。其中，核心区重点打造“一核三区”，“一核”即高新区综合服务核，“三区”即科技研发区、高新技术产业区和综合配套区。拓展区重点打造“两区四园”，“两区”即创业孵化区和商住配套区，“四园”即生物技术产业园、装备制造产业园、新兴产业园和现代物流产业园。

（六）土地利用状况

德州高新技术产业开发区获批准土地共计 688.5619 公顷，按建设状况分为已建成城镇建设用地、未建成城镇建设用地和不可建设用地 3 类。

德州高新技术产业开发区已建成城镇建设用地为 499.6272 公顷，其中，公共管理与公共服务用地面积为 11.4691 公顷，住宅用地为 14.3949 公顷，工矿仓储用地面积为 472.3391 公顷，商业服务业用地为 1.4241 公顷。

未建成城镇建设用地面积为 156.4870 公顷，其中，已建成农村建设用地为 113.3858 公顷，其他未建成城镇建设用地为 43.1012 公顷（已达到供地条件的其他土地 7.9570 公顷）。

不可建设土地面积为 32.4477 公顷，均为河湖及其蓄泄洪区。

二、开发区土地利用现状分析

（一）数据来源

本次调查数据来源于山东省工业用地绩效调查，得到较为完善的各行业 174 宗用地数据，其中畜牧业 1 宗，电力、热力生产和供应业 2 宗，电气机械和器材制造业 7 宗，房屋建筑业 1 宗，纺织服装、服饰业 2 宗，纺织业 10 宗，非金属矿物制品业 10 宗，废弃资源综合利用业 1 宗，黑色金属冶炼和压延加工业 1 宗，化学原料和化学制品制造业 17 宗，家具制造业 6 宗，金属制品业 4 宗，酒、饮料和精制茶制造业 5 宗，科技推广和应用服务业 2 宗，零售业 9 宗，木材加工和木、竹、藤、棕、草制品业 6 宗，农副食品加工业 20 宗，批发业 5 宗，皮革、毛皮、羽毛及其制品和制鞋业 1 宗，其他服务业 1 宗，其他制造业 1 宗，燃气生产和供应业 1 宗，食品制造业 13 宗，通用设备制造业 10 宗，土木工程建筑业 1 宗，文教、工美、体育和娱乐用品制造业 1 宗，橡胶和塑料制品业 10 宗，研究和试验发展业 2 宗，医药制造业 3 宗，仪器仪表制造业 1 宗，印刷和记录媒介复制业 4 宗，造纸和纸制品业 3 宗，专用设备制造业 11 宗，装卸搬运和仓储业 2 宗。

（二）土地利用状况

土地利用状况包含用地结构状况和土地利用强度两个子目标，反映该宗工业用地的利用现状情况。

1. 用地结构状况

1）生产性用地比例

生产性用地比例指每宗工业用地范围内厂房及配套用地面积和露天堆场、露天操作场地面积之和与该宗工业用地总面积的比值，单位为%，反映工业用地中生产性用地的比例，属于正向相关指标。

基于基础资料的整理和计算，德州高新技术产业开发区生产性用地比例平均为 45. 78%，文教、工美、体育和娱乐用品制造业生产性用地比例最大值最高，为 100%，化学原料和化学制品制造业生产性用地比例最小值最低，为 5. 77%。电力、热力生产和供应业，纺织业，金属制品业，科技推广和应用服务业，批发业，其他制造业，仪器仪表制造业，装卸搬运和仓储业生产性用地比例平均值较小；电气机械和器材制造业，废弃资源综合利用业，家具制造业，印刷和记录媒介复制业生产性用地比例平均值较大。规模以下企业生产用地比例为 46. 15%，略高于规模以上企业的 45. 28%。各行业生产性用地比例详见表 4-1。

表 4-1　各行业生产性用地比例　　单位:%

行业	最大值	最小值	平均值
畜牧业	42. 81	42. 81	42. 81
电力、热力生产和供应业	42. 25	18. 78	30. 52

续表

行业	最大值	最小值	平均值
电气机械和器材制造业	79.82	35.53	60.22
房屋建筑业	55.89	55.89	55.89
纺织服装、服饰业	41.91	34.72	38.32
纺织业	73.20	9.06	33.62
非金属矿物制品业	86.98	14.37	53.74
废弃资源综合利用业	64.93	64.93	64.93
黑色金属冶炼和压延加工业	51.41	51.41	51.41
化学原料和化学制品制造业	83.80	5.77	44.21
家具制造业	97.88	48.87	70.15
金属制品业	85.99	14.71	33.20
酒、饮料和精制茶制造业	81.38	21.25	46.43
科技推广和应用服务业	21.46	13.11	17.29
零售业	71.59	25.19	40.07
木材加工和木、竹、藤、棕、草制品业	71.79	18.42	54.83
农副食品加工业	75.52	11.93	44.81
批发业	66.64	6.29	30.31
皮革、毛皮、羽毛及其制品和制鞋业	48.25	48.25	48.25
其他服务业	39.88	39.88	39.88
其他制造业	32.05	32.05	32.05
燃气生产和供应业	43.73	43.73	43.73
食品制造业	72.67	19.18	41.10
通用设备制造业	74.70	8.88	44.97
土木工程建筑业	43.13	43.13	43.13
文教、工美、体育和娱乐用品制造业	100.00	100.00	100.00
橡胶和塑料制品业	83.38	29.09	45.42
研究和试验发展业	56.63	26.57	41.60
医药制造业	50.88	17.75	39.04
仪器仪表制造业	6.22	6.22	6.22
印刷和记录媒介复制业	80.68	42.45	66.69
造纸和纸制品业	62.45	29.65	44.54
专用设备制造业	94.11	8.66	54.93
装卸搬运和仓储业	44.41	7.50	25.96
总体情况	**100.00**	**5.77**	**45.78**

2）行政办公与生活服务设施用地率

行政办公与生活服务设施用地率指每宗工业用地范围内行政办公与生活服务设施用地面积与该宗工业用地总面积的比值，单位为%，反映工业用地中行政办公与生活服务设施用地的比例，属于负向相关指标。

基于基础资料的整理和计算，德州高新技术产业开发区行政办公与生活服务设施用地率平均值为2.86%，研究和试验发展业行政办公与生活服务设施用地率最大值最高，为19.16%，有52家公司出现0值，暴露出某些公司上报数据不完整的问题。批发业，研究和试验发展业，医药制造业行政办公与生活服务设施用地率偏高；由于数据缺失完整性，畜牧业，电力、热力生产和供应业、屋建筑业、皮革、毛皮、羽毛及其制品和制鞋业，其他制造业，土木工程建筑业，文教、工美、体育和娱乐用品制造业，仪器仪表制造业，装卸搬运和仓储业所有企业行政办公与生活服务设施用地率均为0，不再进行具体行业间对比。规模以上企业用地行政办公与生活服务设施用地率为2.36%，低于规模以下企业（3.24%）。经核实，行政办公与生活服务设施用地率高于标准的企业，均为2019年山东省建设用地控制标准建立以前建设，不适用此标准。各行业行政办公与生活服务设施用地率详见表4-2。

表4-2　各行业行政办公与生活服务设施用地率　　单位:%

行业	最大值	最小值	平均值
畜牧业	0.00	0.00	0.00
电力、热力生产和供应业	0.00	0.00	0.00
电气机械和器材制造业	3.72	1.02	2.06
房屋建筑业	0.00	0.00	0.00
纺织服装、服饰业	5.66	1.41	3.54
纺织业	4.00	0.00	1.64
非金属矿物制品业	9.32	0.00	5.10
废弃资源综合利用业	4.29	4.29	4.29
黑色金属冶炼和压延加工业	1.02	1.02	1.02
化学原料和化学制品制造业	12.00	0.00	4.71
家具制造业	4.65	0.00	1.35
金属制品业	4.38	0.00	1.78
酒、饮料和精制茶制造业	7.93	0.77	3.46
科技推广和应用服务业	0.96	0.00	0.48
零售业	1.67	0.00	0.53
木材加工和木、竹、藤、棕、草制品业	10.50	0.00	2.70
农副食品加工业	18.86	0.00	3.96
批发业	17.32	0.00	7.10
皮革、毛皮、羽毛及其制品和制鞋业	0.00	0.00	0.00
其他服务业	4.51	4.51	4.51

续表

行业	最大值	最小值	平均值
其他制造业	0.00	0.00	0.00
燃气生产和供应业	4.48	4.48	4.48
食品制造业	8.09	0.00	1.70
通用设备制造业	9.21	0.00	2.98
土木工程建筑业	0.00	0.00	0.00
文教、工美、体育和娱乐用品制造业	0.00	0.00	0.00
橡胶和塑料制品业	10.54	0.00	1.88
研究和试验发展业	19.16	5.00	12.08
医药制造业	13.27	2.39	6.15
仪器仪表制造业	0.00	0.00	0.00
印刷和记录媒介复制业	3.21	0.00	2.05
造纸和纸制品业	7.01	0.00	3.92
专用设备制造业	4.38	0.00	1.14
装卸搬运和仓储业	0.00	0.00	0.00
总体情况	**19.16**	**0.00**	**2.86**

2. 土地利用强度

1）综合容积率

综合容积率指每宗工业用地上的总建筑面积与该宗工业用地总面积的比值，无量纲，反映工业用地的综合利用程度，属于正向相关指标。

基于基础资料的整理和计算，德州高新技术产业开发区综合容积率平均为0.60，农副食品加工业用地综合容积率最大值最高，为1.51，化学原料和化学制品制造业、仪器仪表制造业用地综合容积率最小值最低，为0.07。废弃资源综合利用业，皮革、毛皮、羽毛及其制品和制鞋业，燃气生产和供应业，文教、工美、体育和娱乐用品制造业，研究和试验发展业用地综合容积率平均值较大；科技推广和应用服务业，仪器仪表制造业用地综合容积率平均值较小。不同行业工业用地综合容积率没有明显规律性差异，不同宗地间的差异较大。规模以上企业用地的综合容积率为0.58，与规模以下企业用地综合容积率（0.62）相差不大。各行业综合容积率详见表4-3。

表4-3 各行业用地综合容积率

行业	最大值	最小值	平均值
畜牧业	0.43	0.43	0.43
电力、热力生产和供应业	0.42	0.30	0.36
电气机械和器材制造业	0.95	0.46	0.74
房屋建筑业	0.56	0.56	0.56
纺织服装、服饰业	0.60	0.53	0.57

续表

行业	最大值	最小值	平均值
纺织业	0.65	0.19	0.40
非金属矿物制品业	1.18	0.37	0.78
废弃资源综合利用业	0.90	0.90	0.90
黑色金属冶炼和压延加工业	0.58	0.58	0.58
化学原料和化学制品制造业	1.19	0.07	0.67
家具制造业	1.13	0.59	0.83
金属制品业	1.09	0.17	0.45
酒、饮料和精制茶制造业	0.96	0.33	0.60
科技推广和应用服务业	0.21	0.13	0.17
零售业	0.78	0.29	0.45
木材加工和木、竹、藤、棕、草制品业	1.10	0.24	0.64
农副食品加工业	1.51	0.14	0.64
批发业	1.14	0.22	0.46
皮革、毛皮、羽毛及其制品和制鞋业	0.97	0.97	0.97
其他服务业	0.49	0.49	0.49
其他制造业	0.37	0.37	0.37
燃气生产和供应业	1.05	1.05	1.05
食品制造业	1.13	0.25	0.51
通用设备制造业	1.06	0.09	0.55
土木工程建筑业	0.43	0.43	0.43
文教、工美、体育和娱乐用品制造业	1.15	1.15	1.15
橡胶和塑料制品业	1.08	0.33	0.56
研究和试验发展业	1.34	0.51	0.93
医药制造业	1.06	0.29	0.67
仪器仪表制造业	0.07	0.07	0.07
印刷和记录媒介复制业	0.93	0.60	0.82
造纸和纸制品业	0.92	0.30	0.65
专用设备制造业	1.08	0.09	0.64
装卸搬运和仓储业	0.44	0.28	0.36
总体情况	**1.51**	**0.07**	**0.60**

2）建筑密度

建筑密度指每宗工业用地内已建成的建筑基底总面积与该宗工业用地总面积的比值，单位为%，反映工业用地的平面利用状况，属于正向相关指标。

基于基础资料的整理和计算，德州高新技术产业开发区建筑密度平均值为 46.93%，文教、工美、体育和娱乐用品制造业用地建筑密度最大值最高，为 100.00%，非金属矿物制品业用地建筑密度最小值最低，为0，体现出数据填报的不准确性。电力、热力生产和供应业，纺织业，金属制品业，科技推广和应用服务业，批发业，其他制造业，仪器仪表制造业，装卸搬运和仓储业用地建筑密度平均值较小；电气机械和器材制造业，废弃资源综合利用业，家具制造业，文教、工美、体育和娱乐用品制造业，印刷和记录媒介复制业用地建筑密度平均值较大。规模以上企业工业用地建筑密度为45.13%，低于规模以下企业工业用地建筑密度（48.26%）。另外，由于德州高新技术产业开发区企业建设都在2019年之前，不适用《山东省建设用地控制标准（2019年版）》。各行业用地建筑密度详见表4-4。

表4-4 各行业用地建筑密度 单位:%

行业	最大值	最小值	平均值
畜牧业	42.81	42.81	42.81
电力、热力生产和供应业	42.25	18.78	30.52
电气机械和器材制造业	78.37	37.48	60.01
房屋建筑业	55.89	55.89	55.89
纺织服装、服饰业	43.32	40.38	41.85
纺织业	48.45	11.32	31.93
非金属矿物制品业	90.39	0.00	54.39
废弃资源综合利用业	69.22	69.22	69.22
黑色金属冶炼和压延加工业	48.32	48.32	48.32
化学原料和化学制品制造业	82.86	5.77	48.69
家具制造业	97.88	49.74	70.73
金属制品业	88.73	14.71	34.98
酒、饮料和精制茶制造业	82.15	23.61	49.41
科技推广和应用服务业	21.46	13.11	17.29
零售业	65.06	25.19	40.75
木材加工和木、竹、藤、棕、草制品业	73.29	24.29	53.01
农副食品加工业	91.30	11.93	47.36
批发业	77.01	6.29	34.91
皮革、毛皮、羽毛及其制品和制鞋业	48.25	48.25	48.25
其他服务业	47.58	47.58	47.58
其他制造业	32.05	32.05	32.05
燃气生产和供应业	48.21	48.21	48.21
食品制造业	80.76	20.38	40.96
通用设备制造业	72.83	7.32	42.15
土木工程建筑业	43.13	43.13	43.13

续表

行业	最大值	最小值	平均值
文教、工美、体育和娱乐用品制造业	100.00	100.00	100.00
橡胶和塑料制品业	77.64	29.09	44.84
研究和试验发展业	75.79	34.42	55.11
医药制造业	64.15	20.14	45.19
仪器仪表制造业	6.22	6.22	6.22
印刷和记录媒介复制业	75.83	45.66	66.75
造纸和纸制品业	70.85	29.65	49.67
专用设备制造业	94.11	8.66	54.54
装卸搬运和仓储业	44.41	7.50	25.96
总体情况	**100.00**	**0.00**	**46.93**

（三）用地效益

用地效益包含综合用地效益 1 个子目标，反映该宗工业用地的用地效益情况。

1）单位用地吸纳就业人员数

单位用地吸纳就业人员数指每宗工业用地的企业在岗职工人数与该宗工业用地面积的比值，单位为人/公顷，反映工业用地解决人口就业情况，属于正向相关指标。

基于基础资料的整理和计算，德州高新技术产业开发区单位用地吸纳就业人员数平均为 10.04 人/公顷，食品制造业用地最大值最高，为 330.32 人/公顷，95 家企业出现 0 值，暴露出数据收集的不完整性。电力、热力生产和供应业，皮革、毛皮、羽毛及其制品和制鞋业，食品制造业高于整体水平。规模以上企业单位用地吸纳就业人员数为 23.51 人/公顷，明显高于规模以下企业单位用地吸纳就业人员数（0.42 人/公顷），主要原因为众多规模以下企业未填报相关数据，仅有数据的规模以下企业的单位用地吸纳就业人员数为 8.43 人/公顷。各行业单位用地吸纳就业人员数详见表 4-5。

表 4-5　各行业单位用地吸纳就业人员数　　单位：人/公顷

行业	最大值	最小值	平均值
畜牧业	0.00	0.00	0.00
电力、热力生产和供应业	25.99	24.00	25.00
电气机械和器材制造业	33.11	0.00	11.65
房屋建筑业	0.00	0.00	0.00
纺织服装、服饰业	0.00	0.00	0.00
纺织业	25.83	0.00	7.39
非金属矿物制品业	30.71	0.00	8.70
废弃资源综合利用业	0.00	0.00	0.00

续表

行业	最大值	最小值	平均值
黑色金属冶炼和压延加工业	18.70	18.70	18.70
化学原料和化学制品制造业	25.48	0.00	7.32
家具制造业	8.66	0.00	1.44
金属制品业	0.00	0.00	0.00
酒、饮料和精制茶制造业	45.39	0.00	11.68
科技推广和应用服务业	0.00	0.00	0.00
零售业	15.00	0.00	1.67
木材加工和木、竹、藤、棕、草制品业	15.14	0.00	3.42
农副食品加工业	138.89	0.00	18.71
批发业	0.00	0.00	0.00
皮革、毛皮、羽毛及其制品和制鞋业	96.03	96.03	96.03
其他服务业	0.00	0.00	0.00
其他制造业	0.00	0.00	0.00
燃气生产和供应业	8.95	8.95	8.95
食品制造业	330.32	0.00	35.91
通用设备制造业	10.14	0.00	1.17
土木工程建筑业	0.00	0.00	0.00
文教、工美、体育和娱乐用品制造业	0.00	0.00	0.00
橡胶和塑料制品业	30.18	0.00	9.31
研究和试验发展业	0.00	0.00	0.00
医药制造业	5.51	0.00	1.84
仪器仪表制造业	0.97	0.97	0.97
印刷和记录媒介复制业	32.99	0.00	8.25
造纸和纸制品业	24.47	0.00	8.16
专用设备制造业	45.00	0.00	11.69
装卸搬运和仓储业	0.00	0.00	0.00
总体情况	**330.32**	**0.00**	**10.24**

2）单位工业用地工业总产值

单位工业用地工业总产值指每宗工业用地范围内的工业（物流）企业总产值与该宗工业用地面积之比，单位为万元/公顷，反映单位工业用地的投入强度，属于正向相关指标。

基于基础资料的整理和计算，德州高新技术产业开发区单位工业用地工业总产值平均为1201.79万元/公顷，农副食品加工业用地最大值最高，为38689.68万元/公顷，95家企业出现0值，暴露出数据收集的不完整性。黑色金属冶炼和压延加工业，化学原料和化学制品制造业，农副食品加工业，燃气生产和供应业高于行业整体水平。规模以上企业用地的单位工业用地工业总产值平均值为 2775.46 万元/公顷，明显高于规模以下企业用地的单位工业用地工业总产值平均值的 37.27 万元/公顷，主要原因为众多规模以下企业未填报相关数据，仅有数据的规模以下企业的单位用地吸纳就业人员数为 745.41 万元/公顷。各行业单位工业用地工业总产值详见表 4-6。

表 4-6　各行业单位工业用地工业总产值　　单位：万元/公顷

行业	最大值	最小值	平均值
畜牧业	0.00	0.00	0.00
电力、热力生产和供应业	2649.84	2446.83	2548.34
电气机械和器材制造业	4191.23	0.00	1543.14
房屋建筑业	0.00	0.00	0.00
纺织服装、服饰业	0.00	0.00	0.00
纺织业	1013.54	0.00	304.75
非金属矿物制品业	3482.39	0.00	1260.84
废弃资源综合利用业	0.00	0.00	0.00
黑色金属冶炼和压延加工业	4473.79	4473.79	4473.79
化学原料和化学制品制造业	4547.87	0.00	893.16
家具制造业	513.41	0.00	85.57
金属制品业	0.00	0.00	0.00
酒、饮料和精制茶制造业	4735.01	0.00	1058.81
科技推广和应用服务业	0.00	0.00	0.00
零售业	2692.25	0.00	299.14
木材加工和木、竹、藤、棕、草制品业	975.27	0.00	271.17
农副食品加工业	38689.68	0.00	3710.68
批发业	0.00	0.00	0.00
皮革、毛皮、羽毛及其制品和制鞋业	1644.95	1644.95	1644.95
其他服务业	0.00	0.00	0.00
其他制造业	0.00	0.00	0.00
燃气生产和供应业	6479.41	6479.41	6479.41
食品制造业	28420.47	0.00	3152.50
通用设备制造业	996.09	0.00	118.70
土木工程建筑业	0.00	0.00	0.00
文教、工美、体育和娱乐用品制造业	0.00	0.00	0.00
橡胶和塑料制品业	1416.23	0.00	675.25
研究和试验发展业	0.00	0.00	0.00

续表

行业	最大值	最小值	平均值
医药制造业	219. 73	0. 00	73. 24
仪器仪表制造业	532. 98	532. 98	532. 98
印刷和记录媒介复制业	3095. 59	0. 00	773. 90
造纸和纸制品业	1091. 33	0. 00	363. 78
专用设备制造业	3423. 80	0. 00	1052. 06
装卸搬运和仓储业	0. 00	0. 00	0. 00
总体情况	**38689. 68**	**0. 00**	**1201. 79**

3）单位工业用地税收额

单位工业用地税收额指每宗工业用地范围内的工业（物流）企业税收总额与该宗工业用地面积之比，单位为万元/公顷，反映单位工业用地的产出效益，属于正向相关指标。

基于基础资料的整理和计算，德州高新技术产业开发区单位工业用地税收额平均为67. 75 万元/公顷，专用设备制造业用地最大值最高，为 3586. 33 万元/公顷，有 10 家企业出现 0 值，暴露出数据收集的不完整性。电力、热力生产和供应业，黑色金属冶炼和压延加工业，其他制造业，食品制造业，专用设备制造业单位工业用地税收额明显高于平均水平；畜牧业，金属制品业，科技推广和应用服务业，零售业，木材加工和木、竹、藤、棕、草制品业，批发业，其他服务业，通用设备制造业，土木工程建筑业，文教、工美、体育和娱乐用品制造业，研究和试验发展业，医药制造业，仪器仪表制造业，装卸搬运和仓储业单位工业用地税收额平均值均低于 10 万元/公顷，明显低于整体水平。规模以上企业单位工业用地税收额平均值为 91. 8 万元/公顷，明显高于规模以下企业（49. 95 万元/公顷）。各行业单位工业用地税收额详见表 4-7。

表 4-7 各行业单位工业用地税收额 单位：万元/公顷

行业	最大值	最小值	平均值
畜牧业	0. 06	0. 06	0. 06
电力、热力生产和供应业	169. 59	156. 59	163. 09
电气机械和器材制造业	216. 02	0. 56	68. 24
房屋建筑业	79. 20	79. 20	79. 20
纺织服装、服饰业	20. 77	3. 23	12. 00
纺织业	38. 29	0. 00	18. 05
非金属矿物制品业	167. 12	2. 07	66. 27
废弃资源综合利用业	13. 60	13. 60	13. 60
黑色金属冶炼和压延加工业	209. 78	209. 78	209. 78
化学原料和化学制品制造业	362. 59	0. 00	56. 59

续表

行业	最大值	最小值	平均值
家具制造业	20.59	0.00	11.20
金属制品业	11.18	9.07	9.86
酒、饮料和精制茶制造业	369.81	0.16	82.88
科技推广和应用服务业	0.57	0.07	0.32
零售业	44.83	0.24	9.67
木材加工和木、竹、藤、棕、草制品业	20.92	0.06	6.51
农副食品加工业	194.04	0.00	48.67
批发业	8.76	0.00	2.32
皮革、毛皮、羽毛及其制品和制鞋业	31.13	31.13	31.13
其他服务业	1.69	1.69	1.69
其他制造业	157.46	157.46	157.46
燃气生产和供应业	69.10	69.10	69.10
食品制造业	1701.01	0.00	204.15
通用设备制造业	13.21	0.48	6.55
土木工程建筑业	4.06	4.06	4.06
文教、工美、体育和娱乐用品制造业	7.13	7.13	7.13
橡胶和塑料制品业	16.22	6.25	10.17
研究和试验发展业	8.04	2.91	5.48
医药制造业	8.73	0.48	4.20
仪器仪表制造业	6.94	6.94	6.94
印刷和记录媒介复制业	34.93	3.64	17.15
造纸和纸制品业	55.71	0.00	24.28
专用设备制造业	3586.33	0.36	358.74
装卸搬运和仓储业	5.73	3.79	4.76
总体情况	**3586.33**	**0.00**	**67.75**

（四）生态影响

生态影响包含综合生态效益1个子目标，反映该宗工业用地的生态影响情况。

1）单位用地废水排放强度

单位用地废水排放强度指每宗工业用地范围内的工业（物流）企业排放的工业废水中COD年排放量和氨氮年排放量之和与该宗工业用地面积之比，单位为吨/公顷，反映单位工业用地废水中污染物的排放量，属于负向相关指标。

基于基础资料的整理和计算，德州高新技术产业开发区单位用地废水排放强度平均为0.09吨/公顷，农副食品加工业用地最大值最高，为4.09吨/公顷，有149家企业出现0值。规模以上企业的单位用地废水排放强度为0.20吨/公顷，规模以下企业中仅1个企业的单位用地废水排放强度为非0值，为0.15吨/公顷，排放量较少。各行业单位用地废水排放强度详见表4-8。

表4-8　各行业单位用地废水排放强度　　单位：吨/公顷

行业	最大值	最小值	平均值
畜牧业	0.00	0.00	0.00
电力、热力生产和供应业	0.00	0.00	0.00
电气机械和器材制造业	0.00	0.00	0.00
房屋建筑业	0.00	0.00	0.00
纺织服装、服饰业	0.00	0.00	0.00
纺织业	0.22	0.00	0.07
非金属矿物制品业	0.00	0.00	0.00
废弃资源综合利用业	0.00	0.00	0.00
黑色金属冶炼和压延加工业	0.00	0.00	0.00
化学原料和化学制品制造业	0.18	0.00	0.02
家具制造业	0.00	0.00	0.00
金属制品业	0.00	0.00	0.00
酒、饮料和精制茶制造业	0.78	0.00	0.25
科技推广和应用服务业	0.00	0.00	0.00
零售业	0.03	0.00	0.00
木材加工和木、竹、藤、棕、草制品业	0.00	0.00	0.00
农副食品加工业	4.09	0.00	0.47
批发业	0.00	0.00	0.00
皮革、毛皮、羽毛及其制品和制鞋业	0.00	0.00	0.00
其他服务业	0.00	0.00	0.00
其他制造业	0.00	0.00	0.00
燃气生产和供应业	0.00	0.00	0.00
食品制造业	0.77	0.00	0.20
通用设备制造业	0.00	0.00	0.00
土木工程建筑业	0.00	0.00	0.00
文教、工美、体育和娱乐用品制造业	0.00	0.00	0.00
橡胶和塑料制品业	0.00	0.00	0.00

续表

行业	最大值	最小值	平均值
研究和试验发展业	0.00	0.00	0.00
医药制造业	0.05	0.00	0.02
仪器仪表制造业	0.00	0.00	0.00
印刷和记录媒介复制业	0.00	0.00	0.00
造纸和纸制品业	1.08	0.00	0.36
专用设备制造业	0.00	0.00	0.00
装卸搬运和仓储业	0.00	0.00	0.00
总体情况	**4.09**	**0.00**	**0.09**

2）单位用地废气排放强度

单位用地废气排放强度指每宗工业用地范围内的工业（物流）企业排放的废气中二氧化硫年排放量和氮氧化物年排放量之和与该宗工业用地面积之比，单位为吨/公顷，反映单位工业用地废气中污染物的排放量，属于负向相关指标。

基于基础资料的整理和计算，德州高新技术产业开发区单位用地废气排放强度平均为 0.61 吨/公顷，电力、热力生产和供应业用地最大值最高，为 45.41 吨/公顷，有 146 家企业出现 0 值。除电力、热力生产和供应业，电气机械和器材制造业，非金属矿物制品业，黑色金属冶炼和压延加工业，化学原料和化学制品制造业，零售业，木材加工和木、竹、藤、棕、草制品业，农副食品加工业，食品制造业，医药制造业，专用设备制造业，其他行业内企业均为 0。规模以上企业单位用地废气排放强度为 1.44 吨/公顷，规模以下企业均为 0。规模以上企业应积极向规模以下企业学习，严格控制工业废气排放，争取做到废气零污染。各行业单位用地废气排放强度详见表 4-9。

表 4-9 各行业单位用地废气排放强度 单位：吨/公顷

行业	最大值	最小值	平均值
畜牧业	0.00	0.00	0.00
电力、热力生产和供应业	45.41	41.93	43.67
电气机械和器材制造业	0.15	0.00	0.02
房屋建筑业	0.00	0.00	0.00
纺织服装、服饰业	0.00	0.00	0.00
纺织业	0.00	0.00	0.00
非金属矿物制品业	0.13	0.00	0.01
废弃资源综合利用业	0.00	0.00	0.00
黑色金属冶炼和压延加工业	0.15	0.15	0.15
化学原料和化学制品制造业	3.13	0.00	0.41

续表

行业	最大值	最小值	平均值
家具制造业	0.00	0.00	0.00
金属制品业	0.00	0.00	0.00
酒、饮料和精制茶制造业	0.00	0.00	0.00
科技推广和应用服务业	0.00	0.00	0.00
零售业	0.25	0.00	0.03
木材加工和木、竹、藤、棕、草制品业	0.47	0.00	0.08
农副食品加工业	2.21	0.00	0.33
批发业	0.00	0.00	0.00
皮革、毛皮、羽毛及其制品和制鞋业	0.00	0.00	0.00
其他服务业	0.00	0.00	0.00
其他制造业	0.00	0.00	0.00
燃气生产和供应业	0.00	0.00	0.00
食品制造业	0.05	0.00	0.01
通用设备制造业	0.00	0.00	0.00
土木工程建筑业	0.00	0.00	0.00
文教、工美、体育和娱乐用品制造业	0.00	0.00	0.00
橡胶和塑料制品业	0.00	0.00	0.00
研究和试验发展业	0.00	0.00	0.00
医药制造业	0.04	0.00	0.01
仪器仪表制造业	0.00	0.00	0.00
印刷和记录媒介复制业	0.00	0.00	0.00
造纸和纸制品业	0.00	0.00	0.00
专用设备制造业	4.22	0.00	0.39
装卸搬运和仓储业	0.00	0.00	0.00
总体情况	**45.41**	**0.00**	**0.61**

3）单位用地能源消耗强度

单位用地能源消耗强度指每宗工业用地范围内的工业（物流）企业年综合能耗量与该宗工业用地面积之比，单位为吨/公顷，反映单位工业用地的能源消耗水平，属于负向相关指标。

基于基础资料的整理和计算，德州高新技术产业开发区单位用地能源消耗强度平均为193.34吨/公顷，电力、热力生产和供应业用地最大值最高，为7630.30吨/公顷，有96家企业出现0值，暴露出数据收集的不完整性。电力、热力生产和供应业，黑色金属冶炼和压延加工业，农副食品加工业，食品制造业明显高于整体水平，其他行业间差异不大。规模以上企业单位用地能源消耗强度平均值为454.21吨/公顷，规模以下企业仅有4家不是0吨/公顷，其平均值为7.6吨/公顷，规模以上企业单位用地能源消耗强度明显高于规模以下企业。各行业单位用地能源消耗强度详见表4-10。

表4-10 各行业单位用地能源消耗强度 单位：吨/公顷

行业	最大值	最小值	平均值
畜牧业	0.00	0.00	0.00
电力、热力生产和供应业	7630.30	7045.73	7338.02
电气机械和器材制造业	534.94	0.00	84.34
房屋建筑业	0.00	0.00	0.00
纺织服装、服饰业	0.00	0.00	0.00
纺织业	84.37	0.00	25.00
非金属矿物制品业	139.86	0.00	22.02
废弃资源综合利用业	0.00	0.00	0.00
黑色金属冶炼和压延加工业	808.54	808.54	808.54
化学原料和化学制品制造业	416.08	0.00	123.86
家具制造业	9.91	0.00	1.65
金属制品业	0.00	0.00	0.00
酒、饮料和精制茶制造业	102.66	0.00	22.14
科技推广和应用服务业	0.00	0.00	0.00
零售业	202.81	0.00	22.53
木材加工和木、竹、藤、棕、草制品业	274.20	0.00	66.08
农副食品加工业	2127.43	0.00	403.13
批发业	0.00	0.00	0.00
皮革、毛皮、羽毛及其制品和制鞋业	55.59	55.59	55.59
其他服务业	0.00	0.00	0.00
其他制造业	0.00	0.00	0.00
燃气生产和供应业	0.71	0.71	0.71
食品制造业	3876.36	0.00	362.69
通用设备制造业	16.72	0.00	2.46
土木工程建筑业	0.00	0.00	0.00
文教、工美、体育和娱乐用品制造业	0.00	0.00	0.00
橡胶和塑料制品业	176.96	0.00	64.83
研究和试验发展业	0.00	0.00	0.00

续表

行业	最大值	最小值	平均值
医药制造业	47.34	0.00	15.78
仪器仪表制造业	1.18	1.18	1.18
印刷和记录媒介复制业	88.07	0.00	22.02
造纸和纸制品业	177.92	0.00	59.31
专用设备制造业	306.68	0.00	40.91
装卸搬运和仓储业	0.00	0.00	0.00
总体情况	**7630.30**	**0.00**	**193.34**

三、开发区工业用地绩效评估

根据德尔菲法确定权重值，采用数据中位数结合《山东省建设用地控制标准（2019年版）》确定标准理想值。在调查中，约63%的答题者认为开发区工业用地绩效评估体系的建设需要分规模以上企业和规模以下企业。因此，本次对所有企业采用国家级开发区工业用地绩效评估体系和规模以上企业开发区工业用地绩效评估体系、规模以下企业开发区工业用地绩效评估体系两轮评分，根据不同开发区工业用地绩效评估体系及其对应体系的理想值，计算各体系的宗地绩效分值，得到以下结果。由于结果根据本节第二部分开发区土地利用现状情况得来，行业间情况与其基本一致，各体系在各指标分数中不再分行业进行分析，在各体系总分中进行分析。

（一）绩效评估各指标分数

1. 国家级开发区工业用地绩效评估体系

国家级开发区工业用地绩效评估体系权重值的确定采用德尔菲法，国家级开发区土地利用状况、用地效益、生态影响的权重分别为0.34、0.38、0.28，其指标权重见表3-16。国家级开发区数据离散度较大，平均值不能很好地体现出不同宗地间的绩效差异，且总体分值偏低，因此，本次国家级开发区理想值基于数据中位数，并结合《山东省建设用地控制标准（2019年版）》调整获得，具体理想值的设定见表3-19。

1）土地利用状况

（1）用地结构状况。①生产性用地比例。通过对德州高新技术产业开发区生产性用地比例等数据以国家级开发区工业用地绩效评估体系进行的一系列处理，得到生产性用地比例得分，平均值为82.97，最高值为100.00，最低值为14.70。②行政办公与生活服务设施用地率。通过对德州高新技术产业开发区行政办公与生活服务设施用地率等数据以国家级开发区工业用地绩效评估体系进行的一系列处理，得到行政办公与生活服务设施用地率得分，平均值为66.02，最高值为100.00，最低值为0.00。德州高新技术产业开发区用地结构整体较好，但仍有部分企业用地结构不合理，特别是行政办公与生活服务设施用地结构不佳，还需改善。

（2）土地利用强度。①综合容积率。通过对德州高新技术产业开发区综合容积率等数据以国家级开发区工业用地绩效评估体系进行的一系列处理，得到综合容积率得分，平均值为87.44，最高值为100.00，最低值为15.22。②建筑密度。通过对德州高新技术产业开发区建筑密度等数据以国家级开发区工业用地绩效评估体系进行的一系列处理，得到建筑密度得分，平均值为83.65，最高值为100.00，最低值为15.22。德州高新技术产业开发区土地利用强度整体较好，但不同宗地间差异较大，对于土地利用强度较低的企业，需要进行进一步改善，从而提高土地利用率，更好地带动经济的发展。

2）用地效益

综合用地效益。①单位用地吸纳就业人员数。通过对德州高新技术产业开发区单位用地吸纳就业人员数等数据以国家级开发区工业用地绩效评估体系进行的一系列处理，得到单位用地吸纳就业人员数得分，平均值为32.29，最高值为100.00，最低值为0.00，该项得分较低，反映出德州高新技术产业开发区吸引力不足的现状。②单位工业用地工业总产值。通过对德州高新技术产业开发区单位工业用地工业总产值等数据以国家级开发区工业用地绩效评估体系进行的一系列处理，得到单位工业用地工业总产值得分，平均值为35.36，最高值为100.00，最低值为0.00。③单位工业用地税收额。通过对德州高新技术产业开发区单位工业用地税收额等数据以国家级开发区工业用地绩效评估体系进行的一系列处理，得到单位工业用地税收额得分，平均值为49.44，最高值为100.00，最低值为0.00。德州高新技术产业开发区用地效益整体较低，不同宗地间差距大，多数企业需要进一步改善，各有关部门也应积极配合，更好地推动企业发展，为德州高新技术产业开发区的进一步发展奠定基础。

3）生态影响

综合生态效益。①单位用地废水排放强度。通过对德州高新技术产业开发区单位用地废水排放强度等数据以国家级开发区工业用地绩效评估体系进行的一系列处理，得到单位用地废水排放强度得分，平均值为87.38，有149家企业能够得到最高值100.00分，但仍有18家企业为最低值0.00分。说明某些企业用地工业废水污染物排放需要有效治理，各有关部门也应积极配合，及时查找工业废水排放过多的根本性原因并积极落实改进。②单位用地废气排放强度。通过对德州高新技术产业开发区单位用地废气排放强度等数据以国家级开发区工业用地绩效评估体系进行的一系列处理，得到单位用地废气排放强度得分，平均值为71.13，有146家企业能够得到最高值100.00，但仍有13家企业为最低值0.00。说明某些企业用地工业废气污染物排放需要有效治理，各有关部门也应积极配合，及时查找工业废气排放过多的根本性原因并积极落实改进。③单位用地能源消耗强度。通过对德州高新技术产业开发区单位用地能源消耗强度等数据以国家级开发区工业用地绩效评估体系进行的一系列处理，得到单位用地能源消耗强度得分，平均值为71.13，有96家企业能够得到最高值100.00，但仍有41家企业为最低值0.00。说明某些企业需要提高能源利用效率，减少能源消耗。德州高新技术产业开发区综合生态效益整体一般，一些用地单位需要有效治理工业废水、废气，减少能源消耗，各有关部门也应加强监督，努力促进工业用地综合效益的提升。

2. 规模以上企业开发区工业用地绩效评估体系

规模以上企业开发区工业用地绩效评估体系权重值的确定采用德尔菲法，一级目标为土地利用状况、用地效益、生态影响，规模以上企业工业用地绩效评估应更偏重用地效益，因此权重分配上此项指标权重较高，权重分别为0.33、0.41、0.26，其指标权重见表3-17。规模以上企业数据离散度较大，平均值不能很好地体现出不同宗地间的绩效差异，且总体分值偏低，因此，本次规模以上企业开发区工业用地绩效评估体系理想值基于数据中位数，并结合《山东省建设用地控制标准（2019年版）》调整获得，具体理想值的设定见表3-21。

1）土地利用状况

（1）用地结构状况。①生产性用地比例。通过对德州高新技术产业开发区规模以上企业生产性用地比例等数据以规模以上企业开发区工业用地绩效评估体系进行的一系列处理，得到生产性用地比例得分，平均值为80.01，最高值为100.00，最低值为14.85。②行政办公与生活服务设施用地率。通过对德州高新技术产业开发区规模以上企业行政办公与生活服务设施用地率等数据以规模以上企业开发区工业用地绩效评估体系进行的一系列处理，得到行政办公与生活服务设施用地率得分，平均值为48.82，最高值为100.00，有13宗地，最低值为0.00，有18宗地。德州高新技术产业开发区规模以上企业用地结构整体较差，特别是行政办公与生活服务设施用地得分很低，需要用地单位对用地结构加强管理，作出调整。

（2）土地利用强度。①综合容积率。通过对德州高新技术产业开发区规模以上企业综合容积率等数据以规模以上企业开发区工业用地绩效评估体系进行的一系列处理，得到综合容积率得分，平均值为89.80，最高值为100.00、有46宗地，最低值为15.91。②建筑密度。通过对德州高新技术产业开发区规模以上企业建筑密度等数据以规模以上企业开发区工业用地绩效评估体系进行的一系列处理，得到建筑密度得分，平均值为82.72，最高值为100、有36宗地，最低值为15.55。德州高新技术产业开发区规模以上企业土地利用强度整体较高，但不同宗地间差异较大，对于土地利用强度较低的企业，需要进一步改善，从而提高土地利用率，更好地带动经济的发展。

2）用地效益

综合用地效益。①单位用地吸纳就业人员数。通过对德州高新技术产业开发区规模以上企业单位用地吸纳就业人员数等数据以规模以上企业开发区工业用地绩效评估体系进行的一系列处理，得到单位用地吸纳就业人员数得分，平均值为68.39，最高值为100.00，有26宗地，最低值为5.11。②单位工业用地工业总产值。通过对德州高新技术产业开发区规模以上企业单位工业用地工业总产值等数据以规模以上企业开发区工业用地绩效评估体系进行的一系列处理，得到单位工业用地工业总产值得分，平均值为70.62，最高值为100.00，有31宗地，最低值为11.14。③单位工业用地税收额。通过对德州高新技术产业开发区规模以上企业单位工业用地税收额等数据以规模以上企业开发区工业用地绩效评估体系处理后，得到单位工业用地税收额得分，平均值为64.04，最高值为100.00，有30宗地，最低值为2.10。德州高新技术产业开发区规模以上企业用地效益整体不高，多数企业用地效益需要进一步改善，在企业自身积极进行效益提高的同时，各有关部门也应积极行动，寻找适合德州高新技术产业开发区发展的好方法。

3）生态影响

综合生态效益。①单位用地废水排放强度。通过对德州高新技术产业开发区规模以上企业单位用地废水排放强度等数据以规模以上企业开发区工业用地绩效评估体系进行的一系列处理，得到单位用地废水排放强度得分，平均值为 74.98，最高值为 100.00，有 50 宗地，最低值为 0.00，有 14 宗地。②单位用地废气排放强度。通过对德州高新技术产业开发区规模以上企业单位用地废气排放强度等数据以规模以上企业开发区工业用地绩效评估体系进行的一系列处理，得到单位用地废气排放强度得分，平均值为 80.49，最高值为 100.00，有 46 宗地，最低值为 0.00，有 11 宗地。③单位用地能源消耗强度。通过对德州高新技术产业开发区规模以上企业单位用地能源消耗强度等数据以规模以上企业开发区工业用地绩效评估体系进行的一系列处理，得到单位用地能源消耗强度得分，平均值为 38.86，最高值为 99.98，最低值为 0.00，有 34 宗地。德州高新技术产业开发区规模以上企业综合生态效益整体较低，特别是单位用地能源消耗强度，没有企业达到满分，得 0 分的宗地较多，在企业自身提高能源利用效率的同时，有关部门也应积极提供相关帮助。

3. 规模以下企业开发区工业用地绩效评估体系

规模以下企业开发区工业用地绩效评估体系权重值的确定采用德尔菲法，一级目标为土地利用状况、用地效益，权重分别为 0.60、0.40，规模以下企业工业用地绩效评估应更侧重于土地利用状况，因此该项指标的权重设置较高，其指标权重见表 3-18。

规模以下企业数据离散度较大，平均值不能很好地体现出不同宗地间的绩效差异，且总体分值偏低，本次规模以下企业开发区工业用地绩效评估体系理想值基于数据中位数，并结合《山东省建设用地控制标准（2019 年版）》调整获得，具体理想值的设定见表 3-22。

1）土地利用状况

（1）用地结构状况。①生产性用地比例。通过对德州高新技术产业开发区生产性用地比例等数据以规模以下企业开发区工业用地绩效评估体系进行的一系列处理，得到生产性用地比例得分，平均值为 85.86，最高值为 100.00，有 64 宗地，最低值为 16.15。②行政办公与生活服务设施用地率。通过对德州高新技术产业开发区行政办公与生活服务设施用地率等数据以规模以下企业开发区工业用地绩效评估体系进行的一系列处理，得到各企业行政办公与生活服务设施用地率得分，平均值为 49.49，最高值为 100.00，有 39 宗地，最低值为 0.00，有 35 宗地。德州高新技术产业开发区用地结构整体较差，特别是行政办公与生活服务设施用地得分很低，多数企业需要进行有效改善。

（2）土地利用强度。①综合容积率。通过对德州高新技术产业开发区综合容积率等数据以规模以下企业开发区工业用地绩效评估体系进行的一系列处理，得到综合容积率得分，平均值为 89.77，最高值为 100.00，有 72 宗地，最低值为 17.95。②建筑密度。通过对德州高新技术产业开发区建筑密度等数据以规模以下企业开发区工业用地绩效评估体系进行的一系列处理，得到建筑密度得分，平均值为 84.34，最高值为 100.00，有 66 宗地，最低值为 0.00。德州高新技术产业开发区规模以下企业土地利用强度整体较高，但个别企业土地利用强度仍很低，需要有效提升。

2）用地效益

综合用地效益。①单位工业用地工业总产值。通过对德州高新技术产业开发区单位工业用地工业总产值等数据以规模以下企业开发区工业用地绩效评估体系进行的一系列处理，得到单位工业用地工业总产值得分，平均值为 3.08，最高值为 100.00，仅有 1 宗，最低值为 0.00，有 95 宗，反映出德州高新技术产业开发区单位工业用地工业总产值较低，各企业间差异明显。②单位工业用地税收额。通过对德州高新技术产业开发区单位工业用地税收额等数据以规模以下企业开发区工业用地绩效评估体系处理后，得到单位工业用地税收额得分，平均值为 45.63，最高值为 100，有 18 宗，最低值为 0，有 10 宗，反映出德州高新技术产业开发区规模以下企业间差异明显。德州高新技术产业开发区规模以下企业用地效益整体极低，需要进一步改善，寻找好的突破口，实现效益的提升，同时，与规模以下企业相关数据的缺失有很大关系，有关部门需要加强数据监管。

（二）绩效评估总分

1. 国家级开发区工业用地绩效评估体系

通过对德州高新技术产业开发区用地结构状况、土地利用强度、综合用地效益、综合生态效益等数据以国家级开发区工业用地绩效评估体系进行的一系列处理，得到德州高新技术产业开发区绩效评估总分值，平均值为 66.57 分，最高值为 96.57 分，最低值为 34.75 分，中值为 64.11 分，低于平均值，60~70 分之间数据最多，40 分以下的有 20 宗，90 分以上的有 7 宗。电气机械和器材制造业，黑色金属冶炼和压延加工业，皮革、毛皮、羽毛及其制品和制鞋业，燃气生产和供应业高于整体水平，平均分可以达到 80 分以上；金属制品业，科技推广和应用服务业，批发业，其他服务业，研究和试验发展业，医药制造业，仪器仪表制造业，装卸搬运和仓储业低于整体水平，平均值均大于 60 分。多数行业内差距都比较大，行业间没有明显规律。

就国家级开发区工业用地绩效评估体系来看，规模以上企业的平均值 73.88 分明显高于规模以下企业平均值的 61.16 分，说明规模以上企业整体效益明显高于规模以下企业，特别是用地效益。就区位而言，德州高新技术产业开发区企业分布较为集中，西南部平均水平高于其他部分，但整体差异性不大。整体上，德州高新技术产业开发区绩效评估总分值较低，需要进一步挖掘潜力，更好地促进经济发展。各行业国家级开发区工业用地绩效评估体系得分见表 4-11，国家级开发区工业用地绩效评估体系总分值分布情况见图 4-1。

表 4-11　各行业国家级开发区工业用地绩效评估体系得分

行业	最大值	最小值	平均值
畜牧业	61.31	61.31	61.31
电力、热力生产和供应业	80.26	67.86	74.06

续表

行业	最大值	最小值	平均值
电气机械和器材制造业	96.57	59.82	80.16
房屋建筑业	78.34	78.34	78.34
纺织服装、服饰业	69.94	63.03	66.49
纺织业	78.15	49.19	64.27
非金属矿物制品业	92.99	57.61	75.37
废弃资源综合利用业	67.47	67.47	67.47
黑色金属冶炼和压延加工业	85.67	85.67	85.67
化学原料和化学制品制造业	89.27	41.01	64.18
家具制造业	78.46	62.00	69.47
金属制品业	67.04	49.19	54.78
酒、饮料和精制茶制造业	80.44	50.59	65.27
科技推广和应用服务业	47.68	41.59	44.64
零售业	80.29	55.12	62.93
木材加工和木、竹、藤、棕、草制品业	70.28	55.34	61.71
农副食品加工业	86.56	44.72	68.31
批发业	67.40	39.67	50.42
皮革、毛皮、羽毛及其制品和制鞋业	92.95	92.95	92.95
其他服务业	59.98	59.98	59.98
其他制造业	72.70	72.70	72.70
燃气生产和供应业	92.84	92.84	92.84
食品制造业	78.46	34.75	66.04
通用设备制造业	81.39	41.14	60.03
土木工程建筑业	63.77	63.77	63.77
文教、工美、体育和娱乐用品制造业	66.40	66.40	66.40
橡胶和塑料制品业	82.42	60.38	69.26
研究和试验发展业	62.20	56.26	59.23
医药制造业	62.63	47.12	55.88
仪器仪表制造业	47.71	47.71	47.71
印刷和记录媒介复制业	88.47	64.25	72.86
造纸和纸制品业	76.63	57.24	66.00
专用设备制造业	91.58	47.79	74.58
装卸搬运和仓储业	63.85	46.53	55.19
总体情况	**96.57**	**34.75**	**66.57**

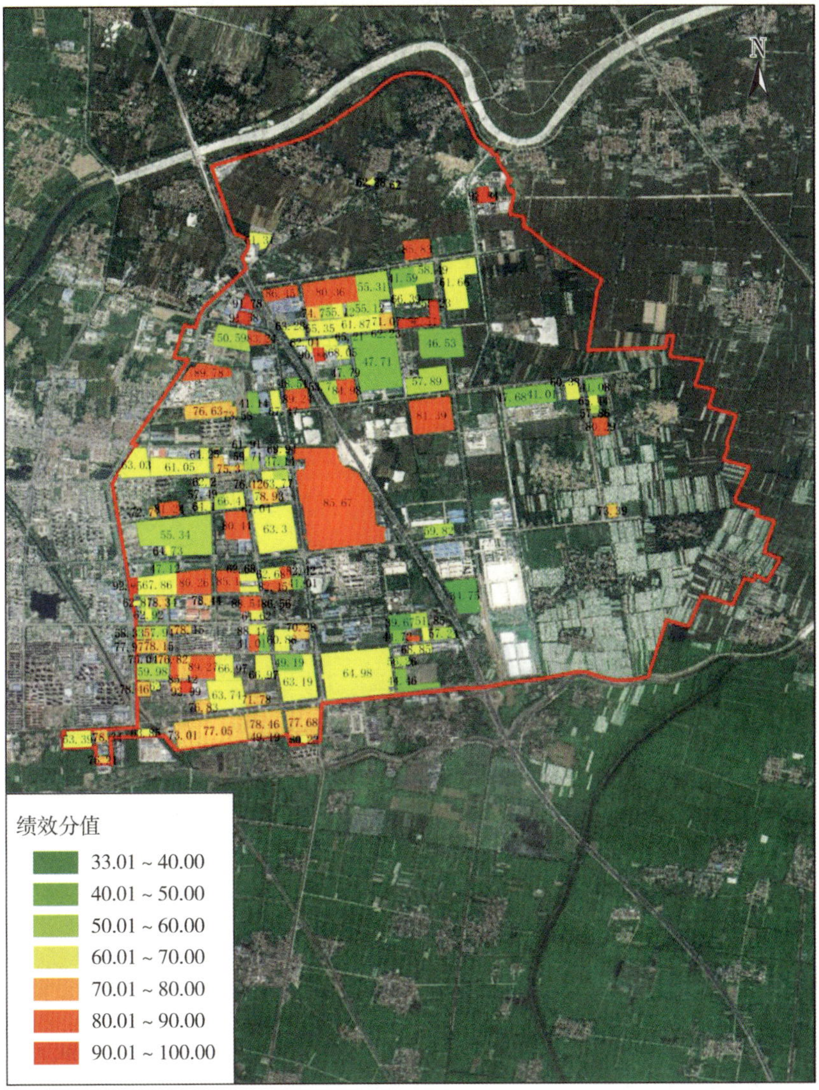

图 4-1 德州高新技术产业开发区工业用地绩效评估总分值分布图

2. 规模以上企业开发区工业用地绩效评估体系

通过对德州高新技术产业开发区规模以上企业用地结构状况、土地利用强度、综合用地效益、综合生态效益等数据以规模以上企业开发区工业用地绩效评估体系进行的一系列处理，得到德州高新技术产业开发区工业用地规模以上企业绩效评估总分值，平均值为70.63分，最高值为95.81分，最低值为31.26分，中值为73.65分，略高于平均值，70~80分之间数据最多，50分以下的有8宗，90分以上的有44宗，数据总体差异较大。电气机械和器材制造业，非金属矿物制品业，黑色金属冶炼和压延加工业，零售业，皮革、毛皮、羽毛及其制品和制鞋业，燃气生产和供应业，印刷和记录媒介复制业，专用设备制造业高于行业平均水平，平均值均大于80分；木材加工和木、竹、藤、棕、草制品业，通用设备制造业，医药制造业，仪器仪表制造业低于行业平均水平，平均值均低于60分。行业内差距较大，行业间没有明显规律。

就区位而言，德州高新技术产业开发区规模以上企业分布较为分散，西北部土地利用效益高于其他部分，中部效益最差，西北部企业分布较为分散，整体区位内差异明显。就整体情况来说，德州高新技术产业开发区规模以上企业绩效评估总分值较低，需要进一步挖掘潜力，更好地促进经济发展。各行业规模以上企业开发区工业用地绩效评估体系得分见表4-12，规模以上企业开发区工业用地绩效评估体系总分值分布情况见图4-2。

表4-12　各行业规模以上企业开发区工业用地绩效评估体系得分

行业	最大值	最小值	平均值
电力、热力生产和供应业	82.08	69.66	75.87
电气机械和器材制造业	95.81	72.68	82.03
纺织业	75.24	54.40	62.85
非金属矿物制品业	92.75	56.04	80.84
黑色金属冶炼和压延加工业	87.48	87.48	87.48
化学原料和化学制品制造业	85.34	35.70	60.73
酒、饮料和精制茶制造业	82.37	67.67	75.02
零售业	81.49	81.49	81.49
木材加工和木、竹、藤、棕、草制品业	62.04	48.95	55.50
农副食品加工业	82.20	58.79	71.16
皮革、毛皮、羽毛及其制品和制鞋业	89.07	89.07	89.07
燃气生产和供应业	90.99	90.99	90.99
食品制造业	80.23	31.26	68.07
通用设备制造业	73.24	38.46	55.85
橡胶和塑料制品业	73.67	58.10	64.85
医药制造业	55.04	55.04	55.04
仪器仪表制造业	42.76	42.76	42.76
印刷和记录媒介复制业	84.76	84.76	84.76
造纸和纸制品业	71.75	71.75	71.75
专用设备制造业	86.28	79.10	83.86
总体情况	**95.81**	**31.26**	**70.63**

3. 规模以下企业开发区工业用地绩效评估体系

通过对德州高新技术产业开发区规模以下企业用地结构状况、土地利用强度、综合用地效益等数据以规模以下企业开发区工业用地绩效评估体系进行的一系列处理，得到德州高新技术产业开发区工业用地规模以上企业绩效评估总分值，平均值为48.48分，最高值为89.72分，最低值为18.72分，中值为47.40分，略低于平均值。畜牧业，房屋建筑

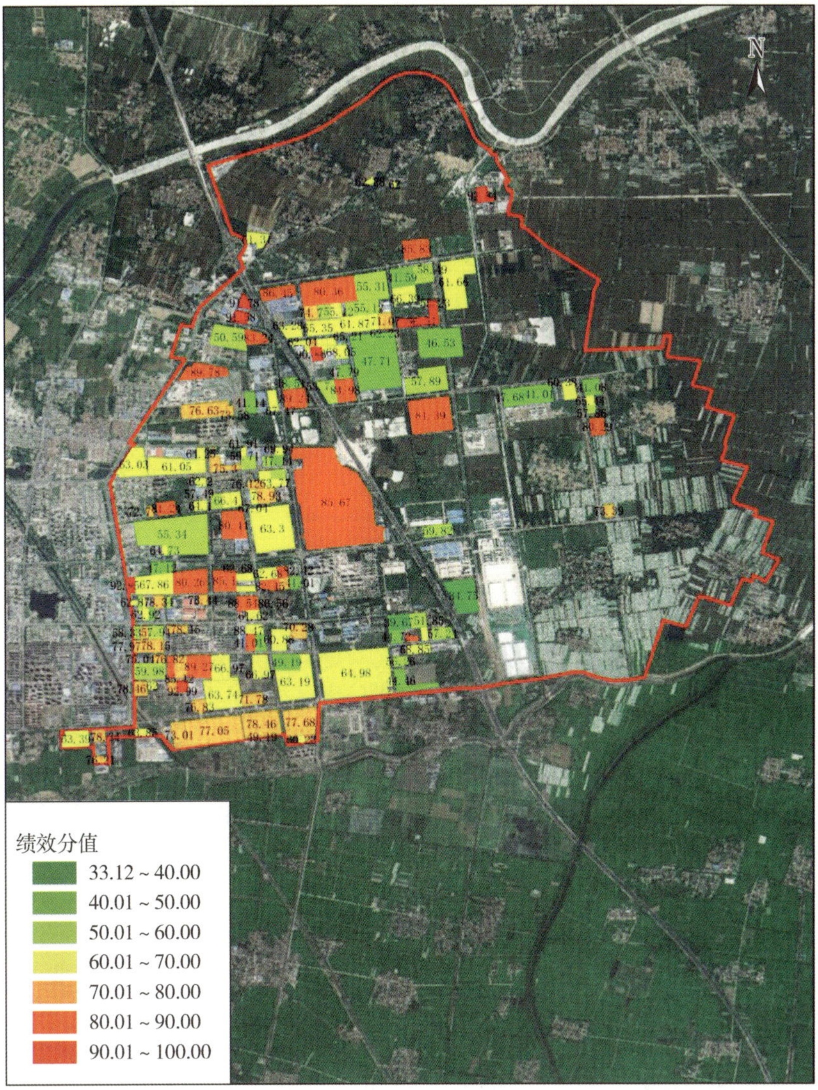

图 4-2 德州高新技术产业开发区工业用地绩效评估规模以上企业总分值分布图

业，家具制造业，土木工程建筑业，文教、工美、体育和娱乐用品制造业高于行业平均水平，平均值均大于 60 分；金属制品业，科技推广和应用服务业，批发业，医药制造业低于行业平均水平，平均值均小于 40 分。

就区位而言，德州高新技术产业开发区规模以下企业集中程度有待提高，分值高的企业基本分布于西南部，西南部用地效益明显高于其他地区，地域差异明显。就数据结果来说，德州高新技术产业开发区规模以下企业绩效评估总分值明显低于规模以上企业，企业得分过低，亟须提高各类用地效益。各行业规模以下企业开发区工业用地绩效评估体系得分见表 4-13，规模以下企业开发区工业用地绩效评估体系总分值分布情况见图 4-3。

表 4-13　各行业规模以下企业开发区工业用地绩效评估体系得分

行业	最大值	最小值	平均值
畜牧业	60.00	60.00	60.00
电气机械和器材制造业	55.06	47.40	51.23
房屋建筑业	60.00	60.00	60.00
纺织服装、服饰业	54.81	46.74	50.78
纺织业	60.00	19.70	42.52
非金属矿物制品业	60.00	47.40	50.23
废弃资源综合利用业	47.40	47.40	47.40
化学原料和化学制品制造业	89.72	20.31	51.31
家具制造业	85.96	47.40	60.64
金属制品业	49.94	29.44	35.83
酒、饮料和精制茶制造业	55.59	35.37	45.60
科技推广和应用服务业	39.56	25.59	32.58
零售业	60.00	43.88	53.36
木材加工和木、竹、藤、棕、草制品业	60.00	47.40	53.70
农副食品加工业	60.00	24.86	43.72
批发业	60.00	18.72	35.10
其他服务业	47.40	47.40	47.40
其他制造业	54.77	54.77	54.77
食品制造业	85.96	39.34	55.78
通用设备制造业	60.00	26.48	46.79
土木工程建筑业	60.00	60.00	60.00
文教、工美、体育和娱乐用品制造业	60.00	60.00	60.00
橡胶和塑料制品业	50.68	47.40	49.04
研究和试验发展业	47.40	39.89	43.65
医药制造业	47.40	30.67	39.04
印刷和记录媒介复制业	60.00	48.17	53.08
造纸和纸制品业	50.18	47.40	48.79
专用设备制造业	60.00	23.66	46.03
装卸搬运和仓储业	60.00	29.01	44.51
总体情况	**89.72**	**18.72**	**48.48**

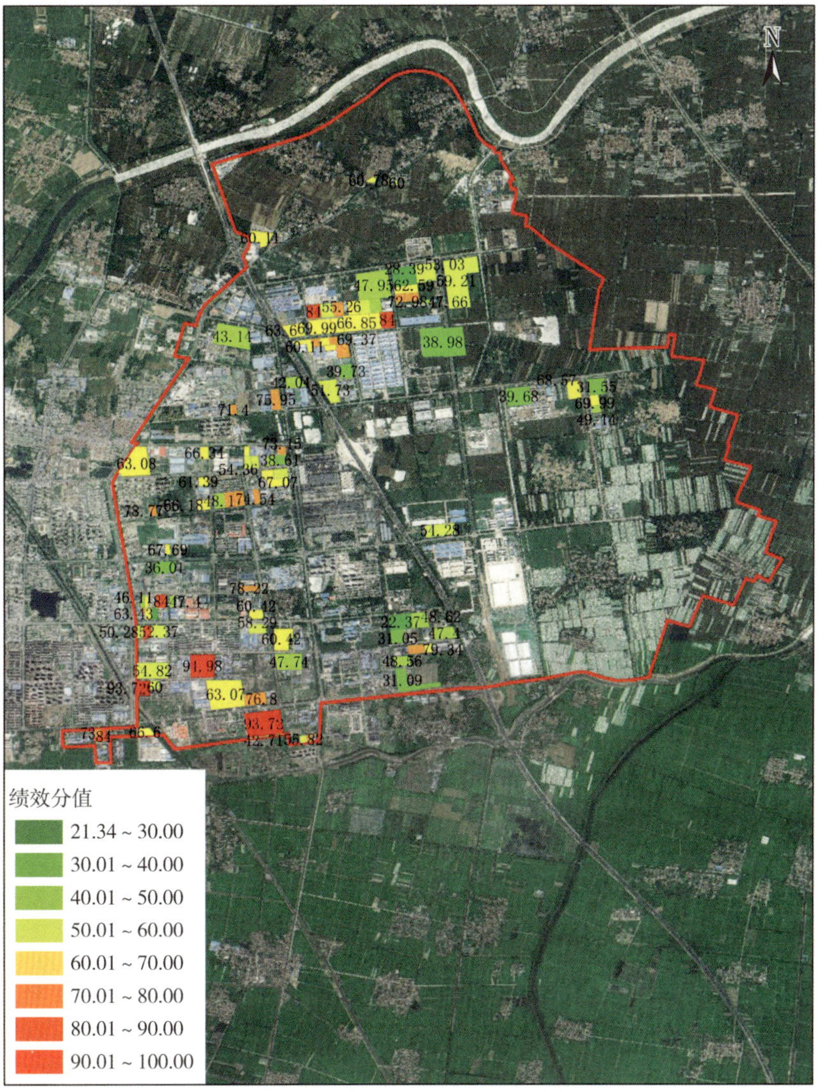

图 4-3　德州高新技术产业开发区工业用地绩效评估规模以下企业总分值分布图

四、开发区工业用地布局优化建议

就整体情况而言，德州高新技术产业开发区绩效评估总分值较低，需要进一步挖掘潜力，更好地促进经济发展。电气机械和器材制造业，黑色金属冶炼和压延加工业，皮革、毛皮、羽毛及其制品和制鞋业，燃气生产和供应业高于整体水平，可适当加大投入力度；金属制品业，科技推广和应用服务业，批发业，其他服务业，研究和试验发展业，医药制造业，仪器仪表制造业，装卸搬运和仓储业低于整体水平，可适当减少投入力度。多数行业内差距都比较大，要多创造企业间沟通协调的机会，促进共同发展。

相对于国家级开发区工业用地绩效评估体系，分规模以上企业和规模以下企业的开发区工业用地绩效评估体系由于指标、权重值等的确定过程充分考虑了规模以上和规模以下的不同，从而取值不同，更具有针对性，规模以上企业和规模以下企业的区别也更加明显；而国家开发区工业用地绩效评估体系以同样的评分体系评价规模以上和规模以下企业，更能反映其差异性。总体来说，规模以下企业要学习规模以上企业的经营模式，从而提高用地效益；同时，规模以上企业要注重提高综合生态效益。

就区位来说，德州高新技术产业开发区整体差异不大，西南部略高，企业集中程度不够，给基础设施的建设和优惠措施的设置带来了压力。

分指标来讲，德州高新技术产业开发区用地结构较好，但是仍有部分企业用地结构不合理，特别是行政办公与生活服务设施用地中存在很多企业用地结构不佳，还需积极进行改善；土地利用强度整体性较好，但不同宗地间差异较大，对于土地利用强度较低的企业，需要进一步改善，从而提高土地利用率，更好地带动经济的发展；用地效益低，不同宗地间差距大，多数企业需要进一步改善，各有关部门也应积极配合，更好地推动企业发展，为德州高新技术产业开发区的进一步发展奠定基础；综合生态效益一般，一些用地单位需要有效治理工业废水、废气，减少能源消耗，各有关部门也应加强监督，努力提升综合效益。

第二节　即墨区工业用地绩效评估

一、基本情况

（一）地理位置与行政区划

即墨区地处黄海之滨、山东半岛西南部、青岛城区北部，总面积 1920 平方千米（东西最长 76 千米，南北最宽 36 千米），辖 4 个镇 11 个街道 1033 个村庄，2020 年末全区常住人口 133.61 万人；拥有 1 个省级经济开发区、1 个省级高新技术产业开发区、1 个省级旅游度假区。2017 年 7 月 18 日，国务院发文批准即墨撤市设区，2017 年 10 月 30 日即墨区正式挂牌。

（二）自然状况

1. 地形、地势和土壤状况

即墨区的地势由东南向西北倾斜，东部多为低山丘陵，面积 626 平方千米，占区域总面积的 35.2%，地面高程 20~100 米。中部为平原，面积 631 平方千米，占区域总面积的 35.4%，地面高程 50 米以下。西部低洼，面积 523 平方千米，占区域总面积的 29.4%，地面高程多在海拔 20 米以下。即墨区山脉系崂山山脉，200 米以上的山峰有四舍山等 16 座，200 米以下的山峰有 70 座。位于城区西部的马山，主峰海拔 231 米，有“柱状节理”的石林景观和保存完好的硅化木群落等，因其独特的地质结构，被地质专家称为天然的

“袖珍博物馆”，被国务院批准列为国家级自然保护区。

即墨区土壤分为棕壤、砂姜黑土、潮土和盐土4个类型，共7个亚类14个土属58个土种。农田以棕壤、砂姜黑土和潮土为主，分别占耕地面积的60.4%、31.3%和8.3%。棕壤主要分布于东部低山丘陵区，砂姜黑土分布于西部平原洼地，潮土分布于河流两岸及入海处的滨海地带，面积较小（347.8公顷）的盐土分布于沿海低地。

2. 气候状况

即墨区属温带季风气候，加之海洋环境的直接调节，又具有显著的海洋性气候特点。春季气温回升缓慢，较内陆迟1个月；夏季温热多雨，但无酷暑；秋季天高气爽，降水少，蒸发强；冬季风力大，气温低，持续时间较长。年平均气温为12摄氏度。无霜期为196~234天，农种期为279~290天，年平均日照时数为2662.9小时，年平均降水量737毫米，年均降水量东部为773毫米，西部为613毫米。年平均风速2.2米/秒，以西南风为主导风向。

3. 水利资源和港口资源状况

地表水主要来源于大气降水和过境河道引入水。东部山丘地区多为花岗岩、玄武岩，地下水水量较少；西部大沽河沿岸地下水较丰富。全市多年平均水资源总量为4.63亿立方米，其中地表水3.01亿立方米，地下水1.62亿立方米。保证率为50%时可利用的水资源总量为2.74亿立方米，其中地表水1.39亿立方米，地下水1.35亿立方米。

即墨区有183千米的海岸线、2517平方千米的“蓝色国土”，沿海建制镇6个，建港资源非常丰富，现有鳌山港（商港）和女岛港等多处渔业码头。

4. 水文状况

即墨区有14条较大河流，总长331千米，流域面积1588平方千米，其中内河11条，界河和过境河3条，多为宽浅季节性河流。流域面积为100~200平方千米的河流有桃源河和莲阴河，200平方千米以上的河流有大沽河、五沽河、流浩河和墨水河。

5. 矿产资源状况

即墨区境内历经多次地质运动，构造复杂，岩浆活动频繁，形成了良好的成矿地质条件。目前境内共发现各类矿产20余种，其中金属矿产资源包括铁、铜、金、铅等，主要分布在丰城镇的白马岛、温泉镇的四舍山脉及鳌山卫镇的冯家河等地区，由于储量少、品位低，至今尚未开发利用。非金属矿产是即墨区的主要矿产资源，主要有花岗岩、安山玢岩、玄武岩、沸石岩、珍珠岩、辉长岩、重晶石、麦饭石、膨润土、黏土、石英砂、砚岩、地热、矿泉水、地下卤水等。因沸石岩、珍珠岩、砚岩、辉长岩、地下卤水等矿产品位低，达不到工业要求，加上条件限制，目前尚未进行开发；已开发利用的矿产资源主要有花岗岩、安山玢岩、玄武岩、重晶石、麦饭石、膨润土、黏土、石英砂、地热、矿泉水。重晶石分布在市境西南部的蓝村至即墨区一带，储量在300万吨以上；膨润土多见于环秀街道办事处西山前村，储量在500万吨以上；花岗岩分布于鳌山卫、白庙一带；玄武岩分布于段泊岚、毛家岭一带；麦饭石分布于城东南部和留村镇一带，储量较大，质地优良，矿床浅露，易于开采。

6. 林业资源状况

全市林业用地总面积23074公顷，活立木蓄积量467800立方米，年蓄积生长量32100

立方米。活立木总面积 35244 公顷，覆盖率为 19.8%。全市森林面积 21627 公顷，其中公益林面积 11163 公顷，用材林面积 4662 公顷，果园面积 5667 公顷（水果面积 4067 公顷，干果面积 1600 公顷），茶园种植面积 135 公顷；全市花卉种植面积 80 公顷；固定苗圃种植面积 124 公顷；疏林地面积 243 公顷，宜林地面积 1000 公顷。

7. 旅游资源状况

即墨区自然资源丰富，山川秀美，有世界地质公园——马山，风景名胜——鹤山，自然奇观——天柱山、龙山、灵山、东京山等名胜，其中，马山以石林、硅化木等地质遗迹著名，极具科研价值，又被地质界称为“袖珍式地质博物馆”。滨海旅游开发前景广阔，海岸线蜿蜒曲折，有鳌山海水浴场、温泉黄埠海水浴场、田横岛度假区月滩等多处天然优良的海水浴场，滩平沙细，水质清洁，海岛众多，风情各异，以田横岛、大小管岛等最为著名。地热资源丰富，最高温可达 93℃，富含 30 多种化学元素。建有 8 处度假村、疗养院，吸引了大批游客来此度假疗养。

8. 能源状况

即墨区能源资源主要有水能、太阳能、地热能、风能和传统能源（林木和畜粪）。石油、天然气和煤炭等能源资源贫乏，其成品油和液化气全部由外地输入。

（三）经济社会状况

根据即墨区统计局数据，2018 年即墨区经济运行呈总体平稳、稳中有进的良好发展态势，全年实现生产总值 1413.4 亿元，按可比价格计算，增长 8.4%，分别比全国、全省、青岛市高 1.8 个、2.0 个、1.0 个百分点，增速居青岛 10 区市第 3 位。三次产业产业结构为 5.0∶53.9∶41.1，与去年比较，第一产业提高 0.1 个百分点，第二产业下降 0.4 个百分点，第三产业提高 0.3 个百分点。吸收外商到账外资 9.4 亿美元，增长 3.9%；实际利用内资 563.4 亿元，增长 15.3%。全社会用电量 52.6 亿千瓦时，增长 11.3%，其中工业用电量 32.3 亿千瓦时，增长 10.3%。从三次产业看，第一产业增加值为 70.8 亿元，增长 3.8%；第二产业增加值为 761.7 亿元，增长 9.5%；第三产业增加值为 580.9 亿元，增长 7.6%。第二产业对全区的经济贡献率最高，为 60.3%，工业的贡献率居各行业之首，为 53.1%。服务业对全区 GDP 增长的贡献率为 37.6%，比上年回落 10.8 个百分点。

根据调查，2018 年即墨区物价水平保持平稳上涨，较 2017 年物价指数增长 2% 左右。

（1）财政金融：全年全区完成一般公共预算收入 111.2 亿元，同比增长 6.6%，比上年提高 4.1 个百分点，分别比全国、全省、青岛市高 0.4 个、0.3 个、0.1 个百分点，其中，税收收入为 74.0 亿元，增长 19.1%。分税种看，增值税增长 9.5%，企业所得税保持较高增速，增长 37.4%。公共财政预算支出 168.7 亿元，增长 31.5%。金融运行形势总体良好，12 月末全区金融系统存款余额 1030.1 亿元，较年初增长 9.2%。其中，境内住户存款 580.5 亿元，较年初增长 9.3%。贷款余额 880.8 亿元，较年初增长 3.7%。存贷比为 85.5%，较年初回落 4.6 个百分点，说明金融安全度有所提高。2018 年存贷款利率与 2017 年相比基本无变化，存贷款利率与国家基准利率相比，上浮程度一般在 10% ~ 30% 之间。

（2）投资：全年全区规模以上固定资产投资在建项目 474 个（含房地产），投资额增长 9.9%，分别比全国、全省、青岛市高 4.0 个、5.8 个、2.0 个百分点。其中，民间投资完成 566.7 亿元，增长 24.6%；工业投资完成 302.7 亿元，增长 11.5%；技改投资完成 72.4 亿元，增长 31.3%。投资的增加为未来经济的增长奠定了坚实基础。

（3）进出口：对外出口总额提升明显，全年全区货物进出口总额 355.4 亿元，增长 17.1%，比上年提高 13.0 个百分点；出口 300.3 亿元，增长 11.8%，比上年提高 7.5 个百分点；进口 55.1 亿元，增长 18.3%，比上年提高 14.9 个百分点。其中，高新技术产品出口 5.8 亿元，增长 51%；纺织服装产品出口 107.0 亿元，增长 9.3%；机电产品出口 92.3 亿元，增长 30.4%。

（4）居民收入及消费：居民人均可支配收入为 34793 元，增长 8.6%。城镇居民人均可支配收入为 45997 元，增长 7.0%；农村居民人均可支配收入为 21194 元，增长 8.3%。消费持续攀升，全年全区完成全社会消费品零售 498.2 亿元，增长 11.1%，分别比全国、全省、青岛市高 2.1 个、2.3 个、1.1 个百分点。其中，限额以上批发业完成 81.7 亿元，零售业完成 368.7 亿元，住宿业完成 2.9 亿元，餐饮业完成 44.8 亿元。

二、调查区范围

工业用地状况调查范围为即墨区，调查对象为调查区域内已确定位置的工业企业和用地。但由于数据信息较难获取，仅调查到部分工业用地及企业信息（图 4-4）。即墨区共调查 2191 宗工业用地，其中，226 宗工业用地各项数据均较为齐全（数据时点为 2019 年 12 月 31 日）。

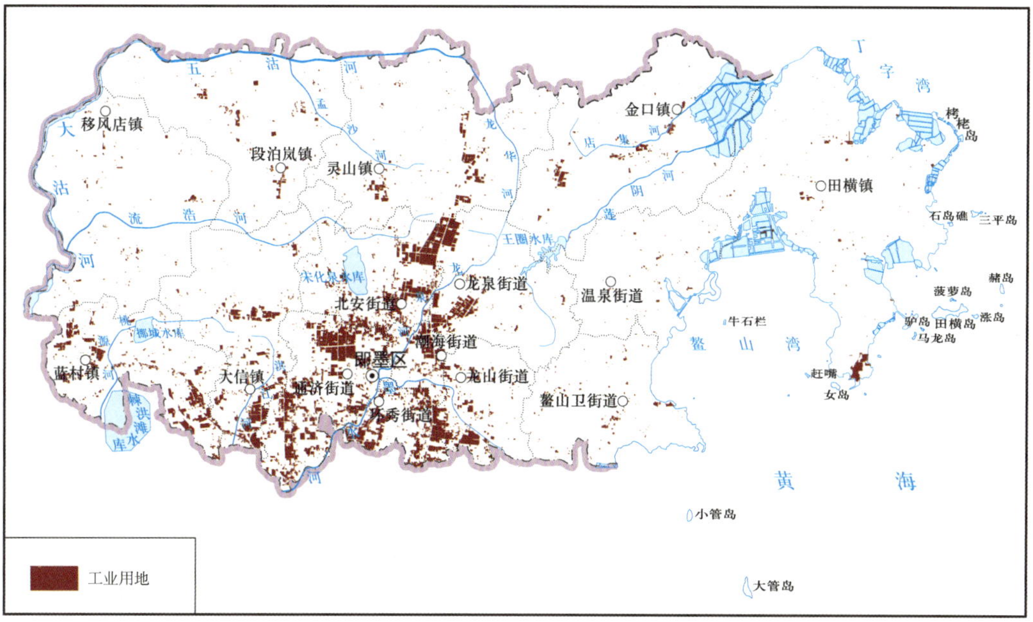

图 4-4　即墨区工业用地综合调查底图

三、工业用地绩效评估集约度结果

（一）土地利用状况集约度

在已调查到信息的226宗工业用地中，即墨区土地利用状况集约程度不高，工业用地内部已经建成并投入生产经营的用地面积较小。土地利用状况集约度在50分以下的地块有101宗，占比44.69%；集约度在50~80分之间的地块有58宗，占比25.66%；集约度在80分以上的地块有67宗（图4-5）。

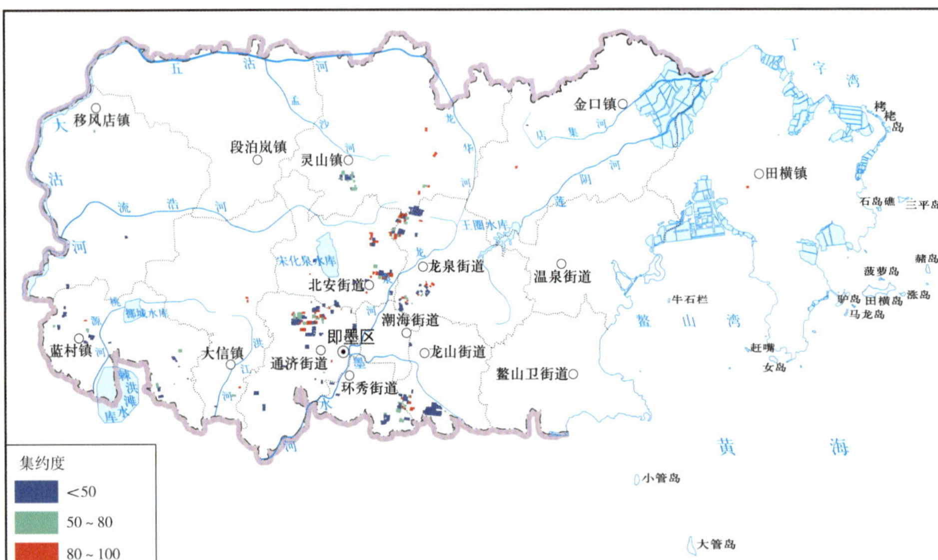

图4-5　土地利用状况集约度图

（二）用地效益集约度

在已调查到信息的226宗工业用地中，仅197宗工业用地的单位用地吸纳就业人员数、单位工业用地固定资产强度及单位工业用地税收额信息较为完整。

从197宗工业用地来看，即墨区工业用地效益集约度不高。工业用地效益集约度在50分以下的地块有121宗，50~80分之间的地块有57宗，其他均高于80分，应继续加大投入强度，注重用地综合效益的提升（图4-6）。

（三）生态影响集约度

由于生态影响评价指标值较难获取，在已调查到信息的226宗工业用地中，仅有极少数工业用地纳入环境监测范围。为保证评价结果的完整性，缺失数据应按照评价范围内纳入监测范围的企业平均得分进行赋值。

由图4-7中可知，即墨区工业用地生态影响集约度较高，得分在80分以下的地块仅有 3 宗，说明即墨区的工业废水、废气污染物排放强度与能源消耗强度均在合理范围内。

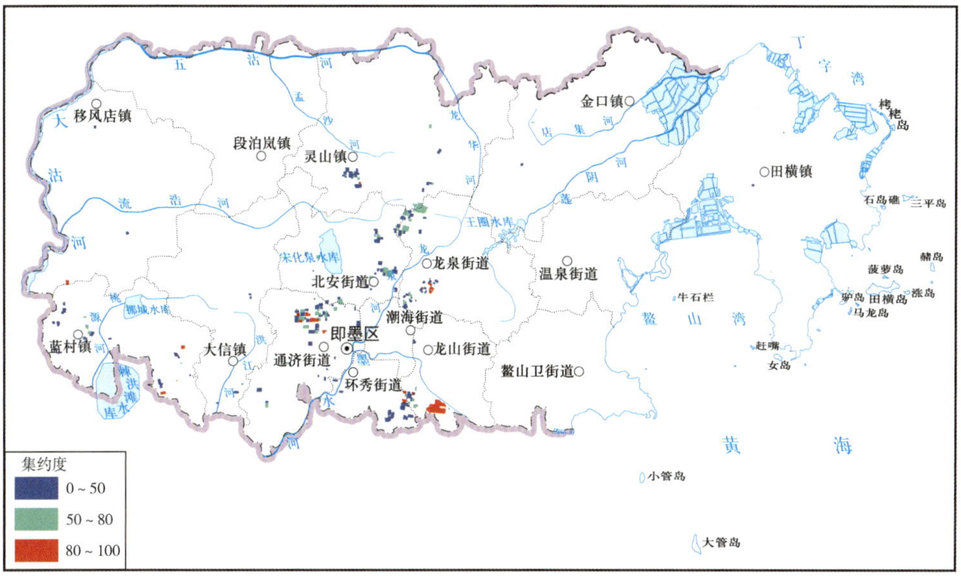

图 4-6　用地效益集约度图

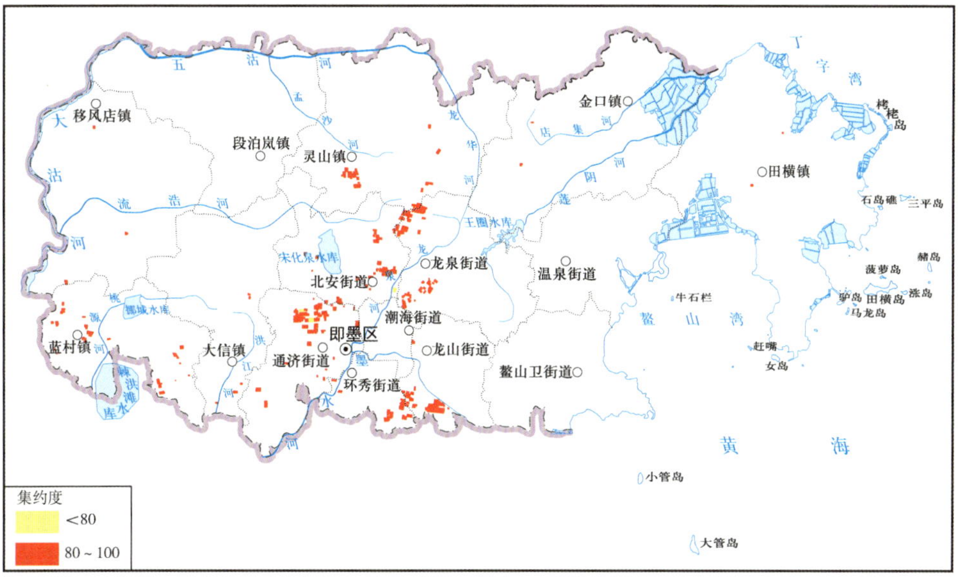

图 4-7　生态影响集约度图

（四）运营状况集约度

在已调查到信息的 226 宗工业用地中，处于完全运营状态的企业有 198 家，运营状况集约度得分为 100 分；处于部分运营状态的企业有 3 家，集约度得分为 50 分；处于尚未运营或停止运营状态的企业有 25 家，集约度得分为 0 分（图 4-8）。

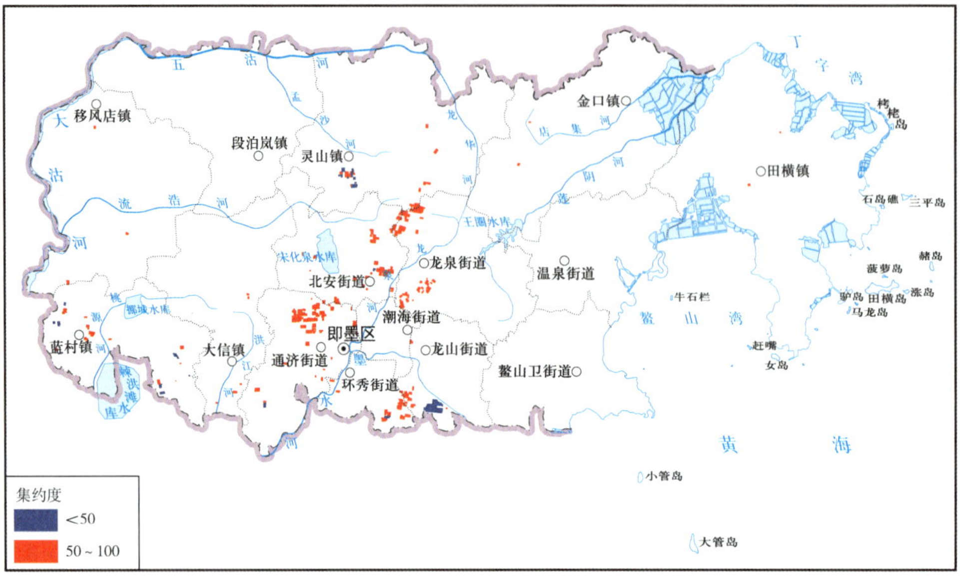

图 4-8　运营状况集约度图

四、工业用地绩效评估潜力结果

（一）工业用地绩效评估潜力

1. 土地利用程度潜力

土地利用程度潜力是指工业用地宗地范围内厂区内部预留地的面积。在已调查到信息的 226 宗工业用地中，土地利用程度潜力为 0 平方米的地块有 208 宗；土地利用程度潜力大于 10000 平方米的地块有 5 宗，土地利用程度潜力在 5000~10000 平方米之间的地块有 3 宗，土地利用程度潜力小于 5000 平方米的地块有 10 宗（图 4-9）。

2. 用地结构潜力

用地结构潜力是指截至评价时点，工业用地宗地范围内通过用地结构调整可增加的生产性用地面积。在已调查到信息的 226 宗工业用地中，用地结构潜力为 0 平方米的地块有 200 宗，说明即墨区内工业用地通过结构调整可增加的生产性用地面积较少；用地结构潜力高于 100000 平方米的地块有 20 宗；用地结构潜力低于 100000 平方米的地块有 6 宗（图 4-10）。

3. 建筑容积潜力

建筑容积潜力是指截至评价时点，工业用地宗地范围内根据综合容积率现状值与相应理想值的差距换算形成的用地面积。在已调查到信息的 226 宗工业用地中，建筑容积潜力为 0 平方米的地块有 51 宗，占比 22.57%；0~10000 平方米的地块有 40 宗，占比 17.70%；10000~50000 平方米的地块有 86 宗；50000 平方米以上的地块有 49 宗（图 4-11）。

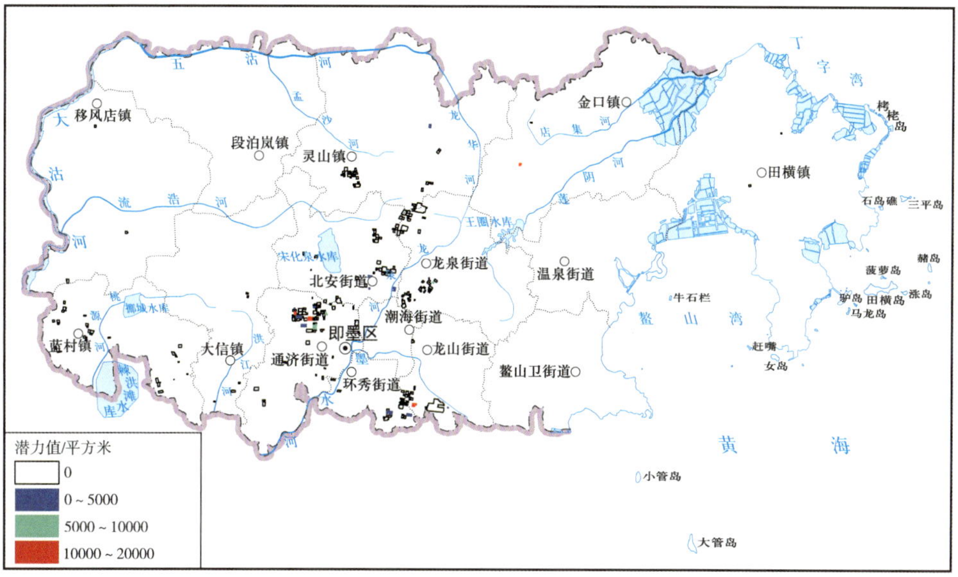

图 4-9　土地利用程度潜力图

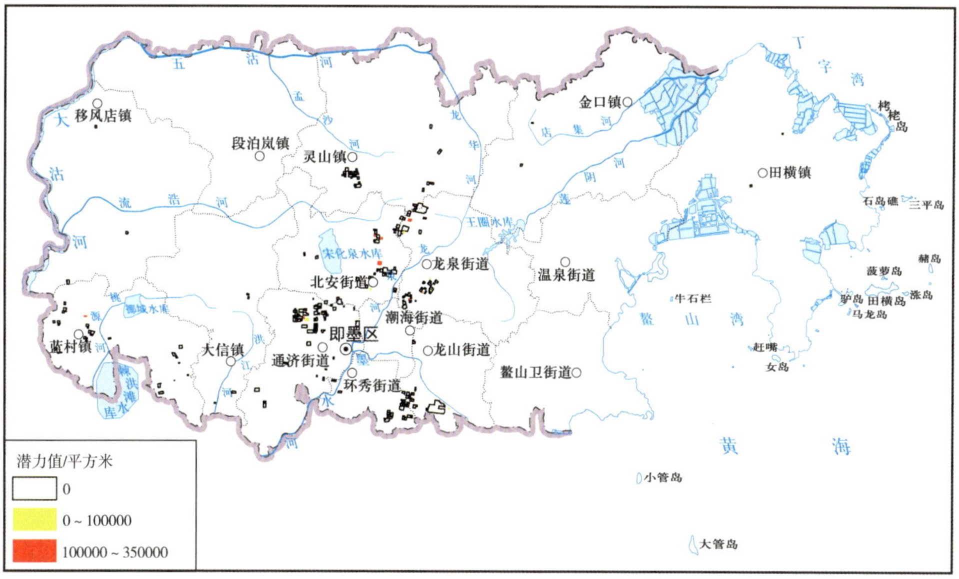

图 4-10　用地结构潜力图

4. 税收产出潜力

税收产出潜力是指截至评价时点，工业用地宗地范围内根据单位工业用地税收额现状值与相应理想值的差距换算形成的用地面积。在已调查到信息的 226 宗工业用地中，税收产出潜力为 0 平方米的地块有 42 宗，占比 18.58%，说明这些地块已达到单位工业用地税收额的理想值；尚有税收产出潜力的地块有 184 宗，其中税收产出潜力在 10000 平方米以下的地块有 35 宗，占比 15.49%；10000~50000 平方米的地块有 101 宗，占比 44.69%；50000 平方米以上的地块有 48 宗（图 4-12）。

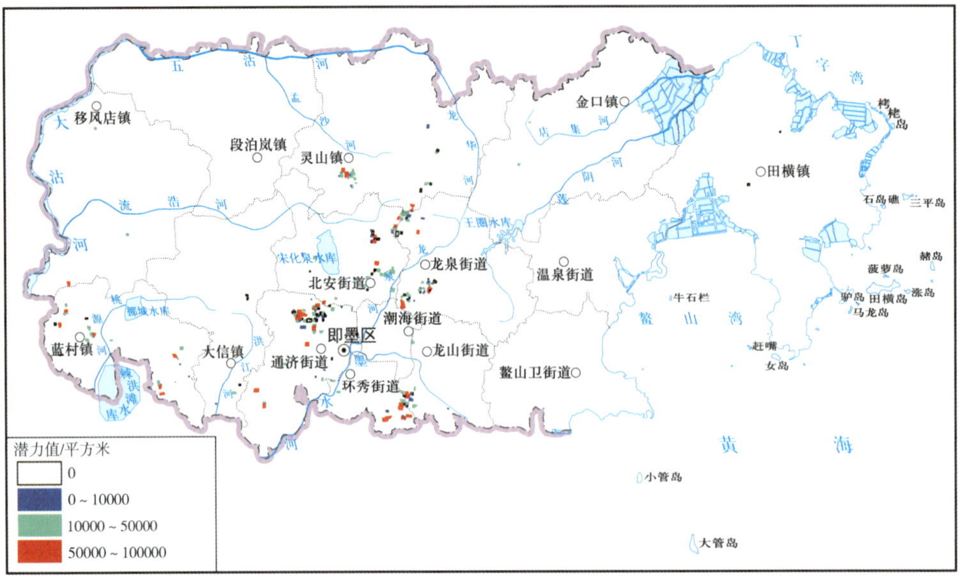

图 4-11　建筑容积潜力图

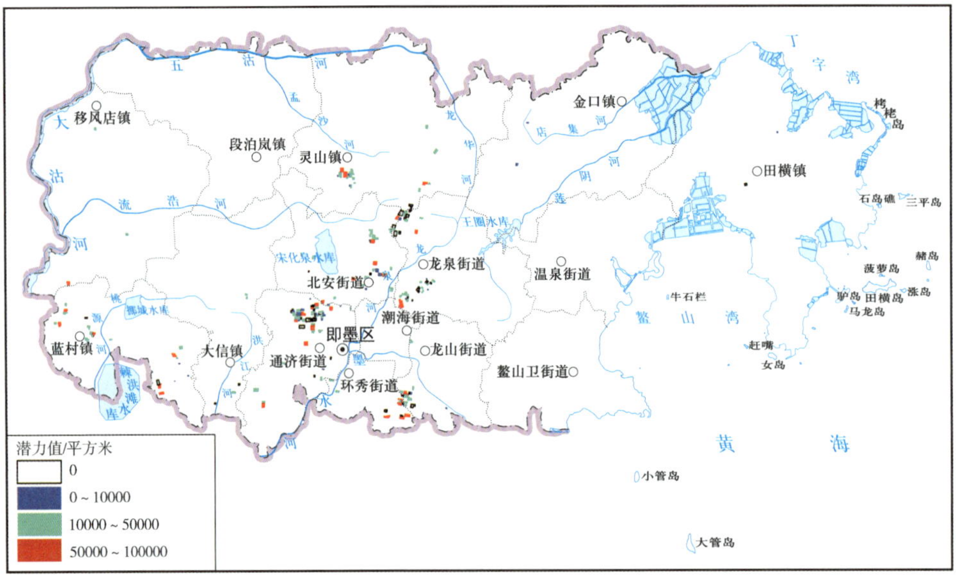

图 4-12　税收产出潜力图

（二）行业分类工业用地绩效评估潜力

在已调查到信息的工业用地中，包含采矿业、制造业和电力、燃气及水生产和供给业3个行业门类中的多种行业。由于工业用地包含的行业类型多种多样，本研究以纺织业为例，综合分析其土地利用程度、用地结构、建筑容积及税收产出潜力。

1. 土地利用程度潜力

在已调查到信息的226宗工业用地中，纺织业用地共16宗，其中15宗工业用地无厂区内部预留地面积，即土地利用程度潜力为0平方米；仅1宗工业用地土地利用程度潜力大于0平方米，为7868平方米（图4-13）。

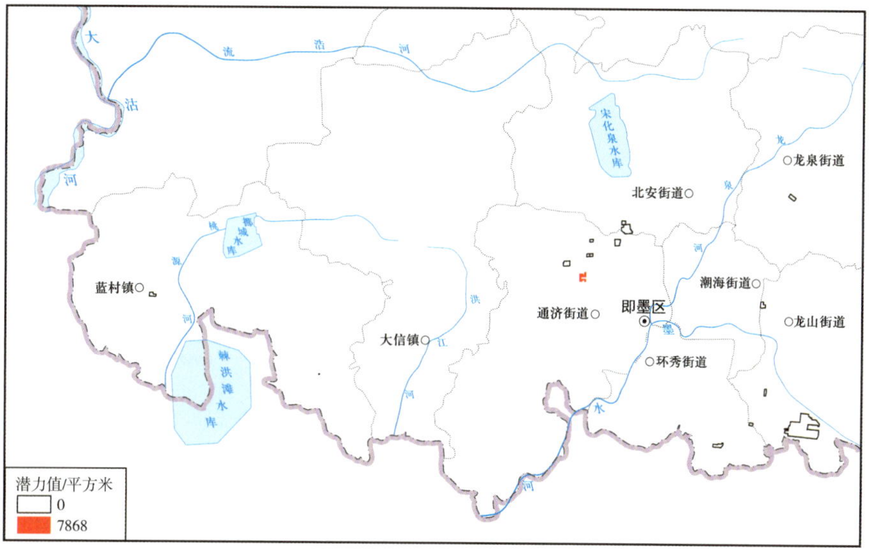

图4-13　纺织业土地利用程度潜力图

2. 用地结构潜力

在已调查到信息的16宗纺织业用地中，用地结构潜力为0平方米的地块有13宗，0平方米以上的地块有3宗，用地结构潜力分别为4725.58平方米，61814.92平方米，111934.46平方米（图4-14）。

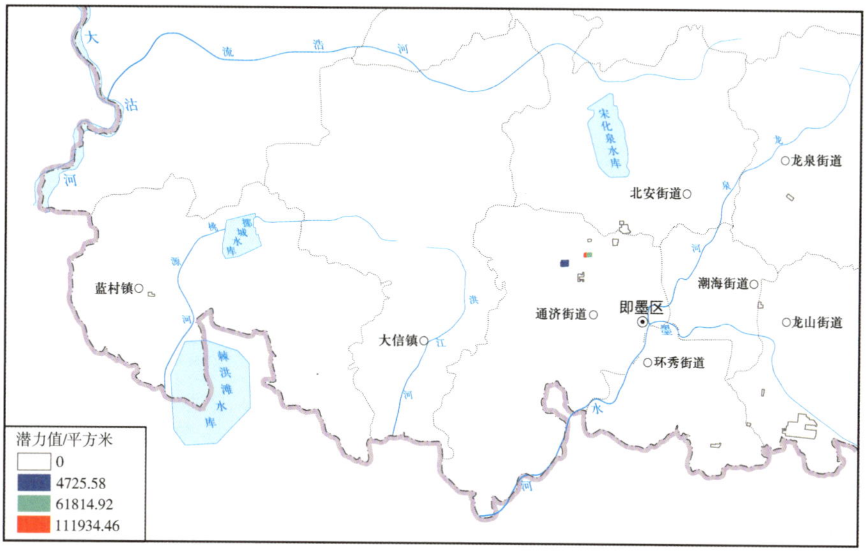

图4-14　纺织业用地结构潜力图

3. 建筑容积潜力

在已调查到信息的 16 宗纺织业用地中，建筑容积潜力为 0 平方米的地块有 2 宗；0~10000 平方米的地块有 3 宗；10000~50000 平方米的地块有 6 宗；50000 平方米以上的地块有 5 宗（图 4-15）。

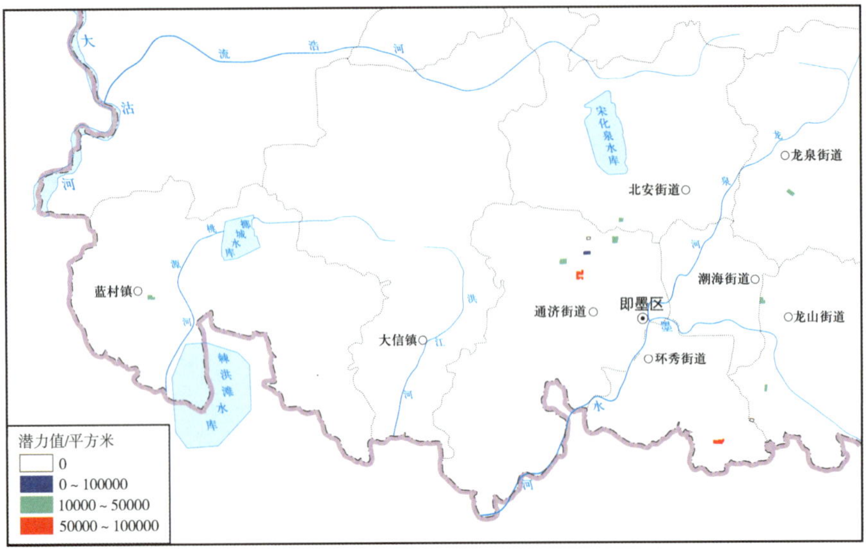

图 4-15　纺织业建筑容积潜力图

4. 税收产出潜力

在已调查到信息的 16 宗纺织业用地中，税收产出潜力为 0 平方米的地块有 1 宗；0~10000 平方米的地块有 1 宗；10000~50000 平方米的地块有 9 宗，占比 52.94%；50000~100000 平方米的地块有 5 宗，（图 4-16）。

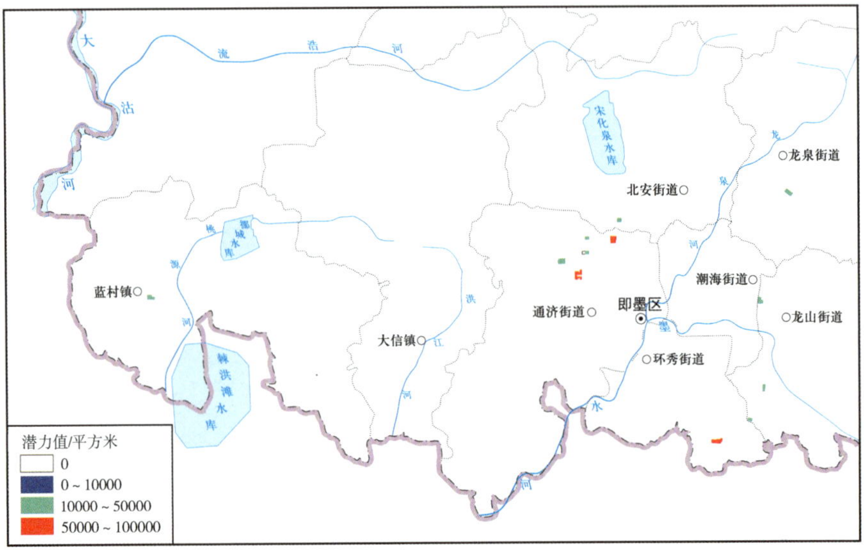

图 4-16　纺织业税收产出潜力图

五、结论

在研究总结工业用地绩效评估体系及方法的基础上，以即墨区为例进行实证研究，得出了以下主要结论：

（1）即墨区土地利用状况集约度较高，侧面反映出其工业用地内部已经建成并投入生产经营的用地面积较大。

（2）即墨区产业资金和技术投入强度不够，整体工业用地效益集约程度较低。

（3）即墨区生态影响评价指标值不易获取，不能较好地体现出环境效益的损失。

第五章　山东省工业产业布局分析

一、基本情况

调查数据显示，工业行业的 3 个门类（B 采矿业，C 制造业，D 电力、热力、燃气及水生产和供应业）41 个大类在山东省均有分布。

从用地规模看，排名前十的行业是非金属矿物制品业（42.37 万亩❶），化学原料和化学制品制造业（37.05 万亩），通用设备制造业（29.47 万亩），木材加工和木、竹、藤、棕、草制品业（25.42 万亩），金属制品业（25.07 万亩），专用设备制造业（21.28 万亩），农副食品加工业（18.90 万亩），橡胶和塑料制品业（16.23 万亩），纺织业（15.05 万亩），汽车制造业（14.64 万亩）（图 5-1）。

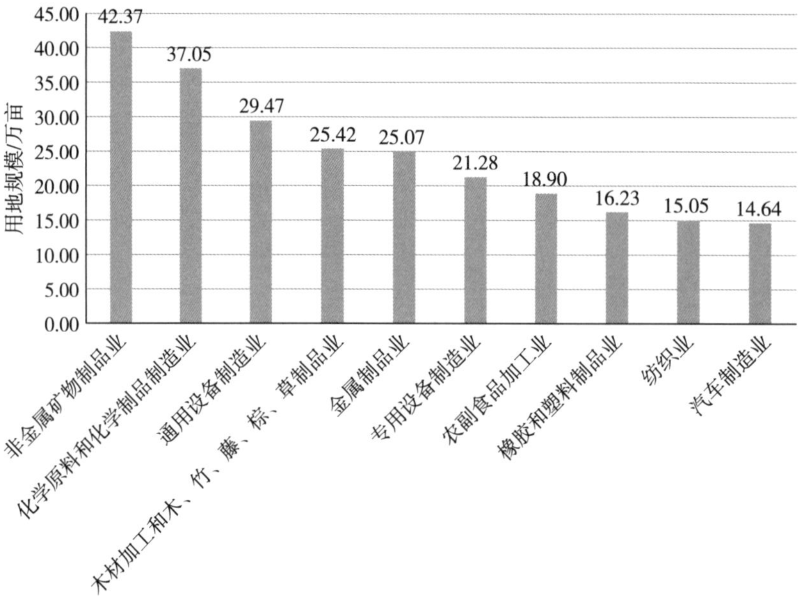

图 5-1　山东省用地规模排名前十的工业行业

二、主要行业用地分析

用地规模排名前十的工业行业，在全省 16 个地市均有分布。

❶ 数据来源于山东省工业用地利用情况调查，部分宗地未填报承载的工业行业。

（一）非金属矿物制品业

非金属矿物制品业共使用土地 42. 37 万亩，在 41 个行业中排名第一位。16 个地市中，用地规模排在前三位的分别是临沂市（6. 20 万亩）、烟台市（4. 35 万亩）、淄博市（4. 07 万亩）（图 5-2）。

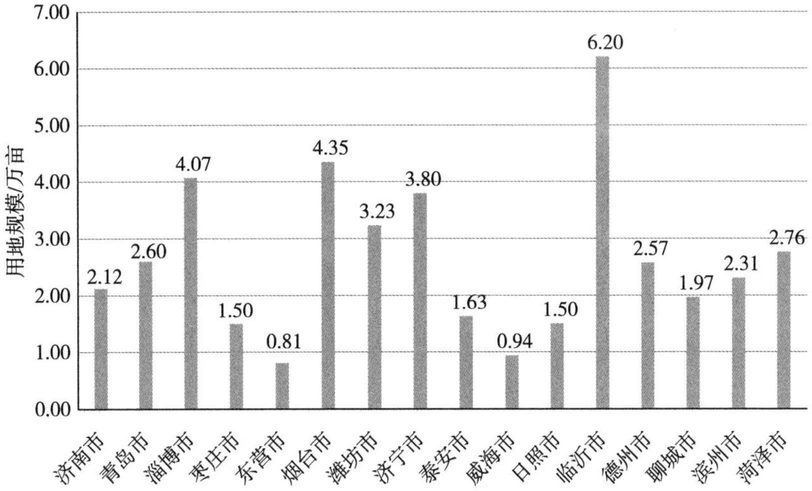

图 5-2　山东省 16 个地市非金属矿物制品业用地规模

（二）化学原料和化学制品制造业

化学原料和化学制品制造业共使用土地 37. 05 万亩，在 41 个行业中排名第二位。16 个地市中，用地规模排在前三位的分别是潍坊市（6. 67 万亩）、烟台市（3. 82 万亩）、东营市（3. 06 万亩）（ 图 5-3）。

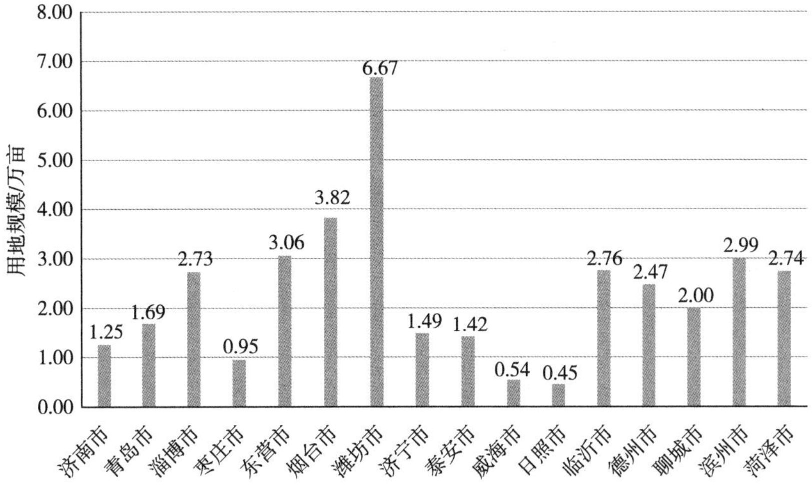

图 5-3　山东省 16 个地市化学原料和化学制品制造业用地规模

（三）通用设备制造业

通用设备制造业共使用土地29.47万亩，在41个行业中排名第三位。16个地市中，用地规模排在前三位的分别是潍坊市（5.20万亩）、青岛市（4.60万亩）、济南市（3.02万亩）（图5-4）。

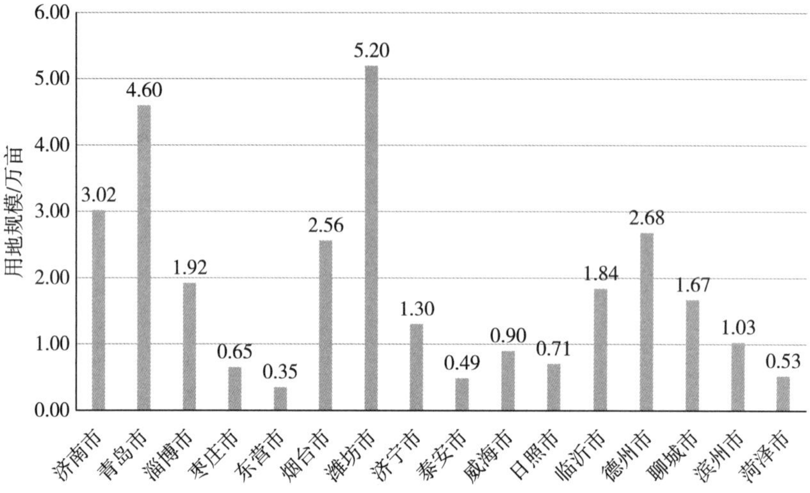

图5-4 山东省16个地市通用设备制造业用地规模

（四）木材加工和木、竹、藤、棕、草制品业

木材加工和木、竹、藤、棕、草制品业共使用土地25.42万亩，在41个行业中排名第四位。16个地市中，用地规模排在前三位的分别是临沂市（10.00万亩）、菏泽市（6.76万亩）、聊城市（2.46万亩）（图5-5）。

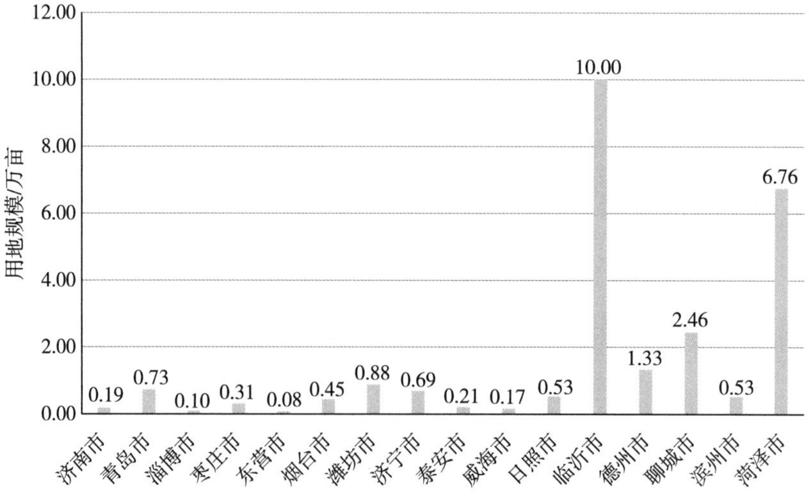

图5-5 山东省16个地市木材加工和木、竹、藤、棕、草制品业用地规模

（五）金属制品业

金属制品业共使用土地 25.07 万亩，在 41 个行业中排名第五位。16 个地市中，用地规模排在前三位的分别是潍坊市（3.39 万亩）、青岛市（3.18 万亩）、滨州市（3.07 万亩）（图 5-6）。

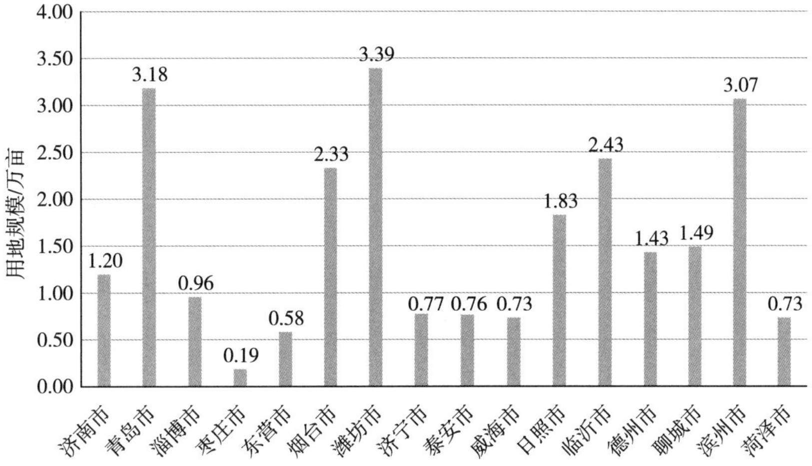

图 5-6　山东省 16 个地市金属制品业用地规模

（六）专用设备制造业

专用设备制造业共使用土地 21.28 万亩，在 41 个行业中排名第六位。16 个地市中，用地规模排在前三位的分别是潍坊市（2.90 万亩）、青岛市（2.15 万亩）、烟台市（2.03 万亩）（图 5-7）。

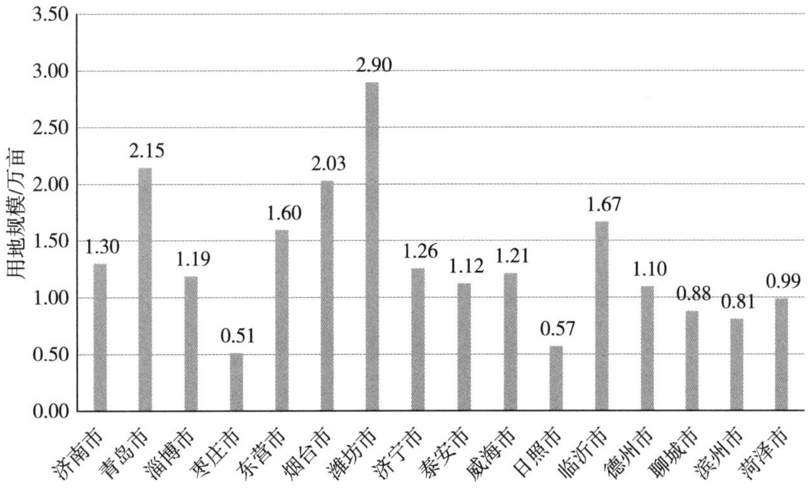

图 5-7　山东省 16 个地市专用设备制造业用地规模

（七）农副食品加工业

农副食品加工业共使用土地 18.90 万亩，在 41 个行业中排名第七位。16 个地市中，用地规模排在前三位的分别是烟台市（2.57 万亩）、临沂市（2.26 万亩）、德州市（2.05 万亩）（图 5-8）。

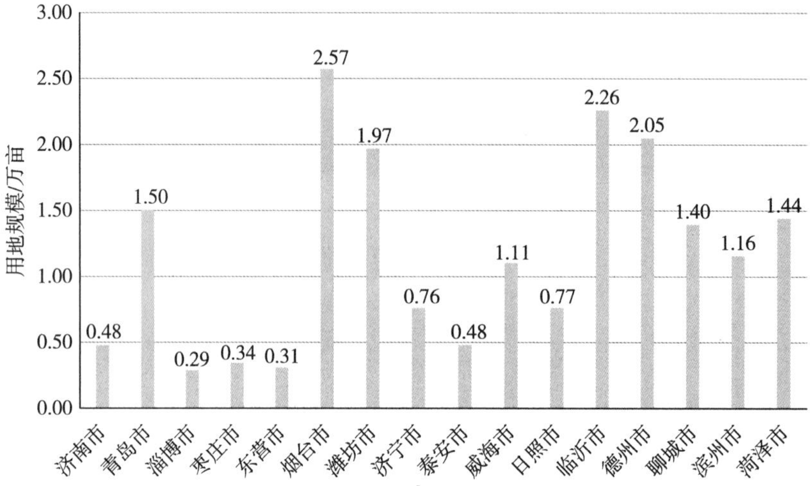

图 5-8　山东省 16 个地市农副食品加工业用地规模

（八）橡胶和塑料制品业

橡胶和塑料制品业共使用土地 16.23 万亩，在 41 个行业中排名第八位。16 个地市中，用地规模排在前三位的分别是临沂市（2.09 万亩）、潍坊市（2.04 万亩）、东营市（2.00 万亩）（图 5-9）。

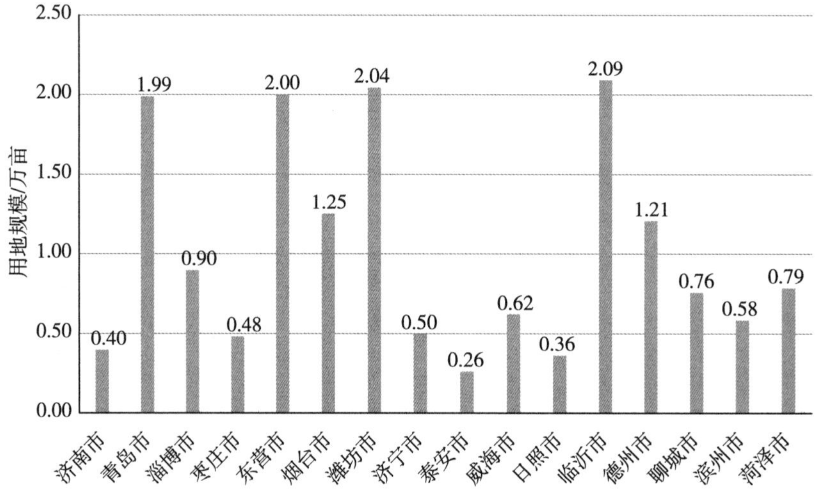

图 5-9　山东省 16 个地市橡胶和塑料制品业用地规模

（九）纺织业

纺织业共使用土地 15.05 万亩，在 41 个行业中排名第九位。16 个地市中，用地规模排在前三位的分别是潍坊市（2.77 万亩）、滨州市（2.65 万亩）、德州市（1.48 万亩）（图 5-10）。

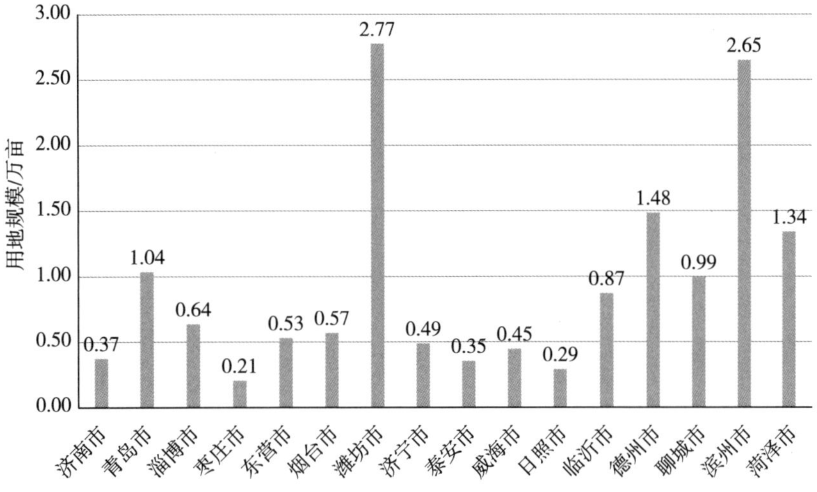

图 5-10　山东省 16 个地市纺织业用地规模

（十）汽车制造业

汽车制造业共使用土地 14.64 万亩，在 41 个行业中排名第十位。16 个地市中，用地规模排在前三位的分别是潍坊市（2.27 万亩）、烟台市（2.15 万亩）、青岛市和济南市（1.91 万亩）（图 5-11）。

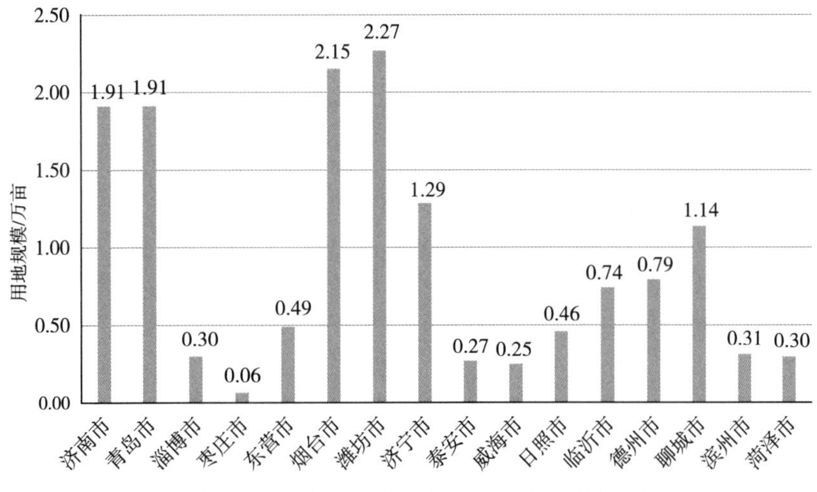

图 5-11　山东省 16 个地市汽车制造业用地规模

三、重点区域工业行业用地情况

（一）省级以上开发区

工业行业的 3 个门类（B 采矿业，C 制造业，D 电力、热力、燃气及水生产和供应业）41 个大类在开发区范围内均有分布。

用地规模排名前十的行业是化学原料和化学制品制造业（24.21 万亩），通用设备制造业（14.79 万亩），非金属矿物制品业（14.01 万亩），金属制品业（13.22 万亩），专用设备制造业（12.27 万亩），汽车制造业（9.48 万亩），橡胶和塑料制品业（8.89 万亩），有色金属冶炼和压延加工业（7.82 万亩），黑色金属冶炼和压延加工业（7.72 万亩），电力、热力生产和供应业（7.15 万亩）（图 5-12）。

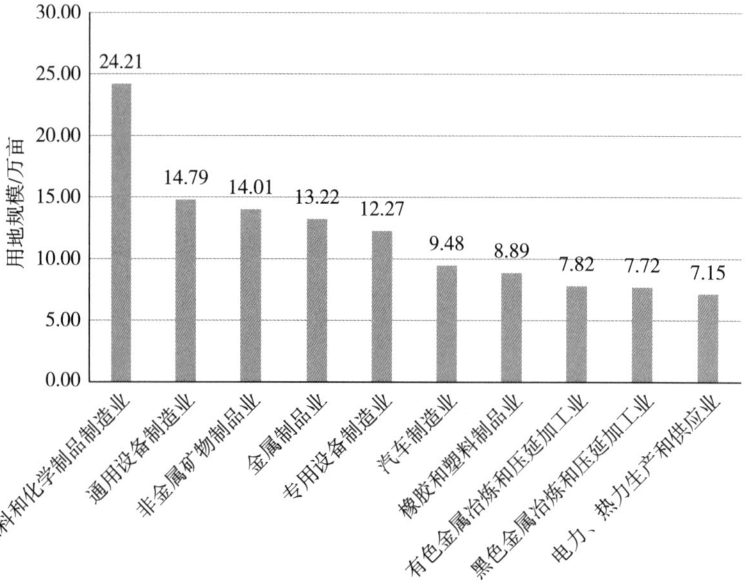

图 5-12　省级以上开发区范围内用地规模排名前十的工业行业

（二）沿黄重点地区

工业行业的 3 个门类（B 采矿业，C 制造业，D 电力、热力、燃气及水生产和供应业）41 个大类除开采专业及辅助性活动外在沿黄重点地区均有分布。

用地规模排名前十的行业是化学原料和化学制品制造业（6.24 万亩），非金属矿物制品业（5.59 万亩），石油、煤炭及其他燃料加工业（4.36 万亩），金属制品业（4.29 万亩），通用设备制造业（4.27 万亩），有色金属冶炼和压延加工业（3.96 万亩），纺织业（3.81 万亩），专用设备制造业（3.65 万亩），汽车制造业（2.95 万亩），农副食品加工业（2.49 万亩）（图 5-13）。

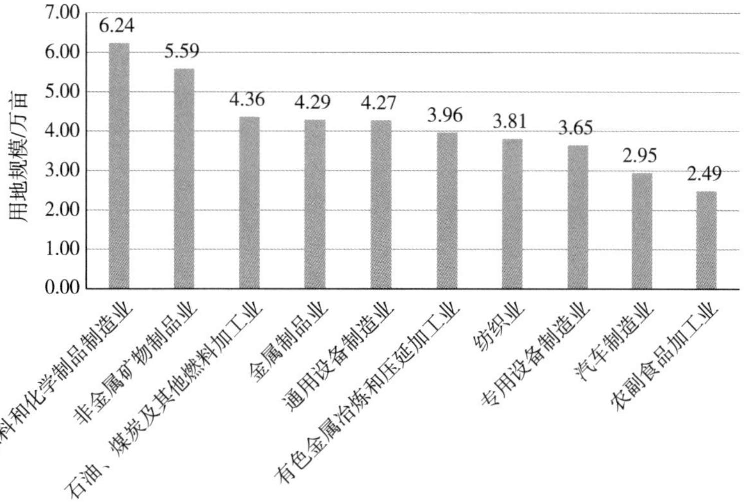

图 5-13 沿黄重点地区用地规模排名前十的工业行业

四、主要结论

山东省工业体系完整、门类齐全，采矿业，制造业，电力、热力、燃气及水生产和供应业的 41 个工业行业大类均有分布。但从用地规模来看，传统行业仍占据较大比例，化学原料和化学制品制造业、非金属矿物制品业、橡胶和塑料制品业、金属冶炼和压延加工业等用地占比接近 2/3。行业布局不突出，各地市用地规模排名前列的行业高度相似（表 5-1），产业竞争关系明显，区域间的产业集聚、区域间的产业协同以及产业链的搭建尚未有效成型，产业布局有待进一步优化。

表 5-1 山东省 16 个地市工业用地面积排名前三的行业面积占比情况 单位:%

地市	用地面积第一行业	面积占比	用地面积第二行业	面积占比	用地面积第三行业	面积占比
济南	通用设备制造业	13.77	黑色金属冶炼和压延加工业	13.17	非金属矿物制品业	9.67
青岛	通用设备制造业	13.39	金属制品业	9.27	非金属矿物制品业	7.57
淄博	非金属矿物制品业	19.80	化学原料和化学制品制造业	13.29	通用设备制造业	9.36
枣庄	非金属矿物制品业	16.71	化学原料和化学制品制造业	10.59	通用设备制造业	7.31
东营	石油、煤炭及其他燃料加工业	20.98	化学原料和化学制品制造业	18.46	橡胶和塑料制品业	12.07
烟台	非金属矿物制品业	12.81	化学原料和化学制品制造业	11.25	农副食品加工业	7.57

续表

地市	用地面积第一行业	面积占比	用地面积第二行业	面积占比	用地面积第三行业	面积占比
潍坊	化学原料和化学制品制造业	14.02	通用设备制造业	10.92	金属制品业	7.13
济宁	非金属矿物制品业	18.48	化学原料和化学制品制造业	7.23	通用设备制造业	6.34
泰安	非金属矿物制品业	15.14	化学原料和化学制品制造业	13.19	专用设备制造业	10.45
威海	专用设备制造业	10.10	农副食品加工业	9.22	非金属矿物制品业	7.83
日照	金属制品业	14.38	非金属矿物制品业	11.81	黑色金属冶炼和压延加工业	11.09
临沂	木材加工和木、竹、藤、棕、草制品业	22.31	非金属矿物制品业	13.84	化学原料和化学制品制造业	6.16
德州	通用设备制造业	9.63	非金属矿物制品业	9.24	化学原料和化学制品制造业	8.88
聊城	木材加工和木、竹、藤、棕、草制品业	10.74	有色金属冶炼和压延加工业	8.80	化学原料和化学制品制造业	8.73
滨州	有色金属冶炼和压延加工业	15.70	金属制品业	10.04	化学原料和化学制品制造业	9.80
菏泽	木材加工和木、竹、藤、棕、草制品业	24.90	非金属矿物制品业	10.18	化学原料和化学制品制造业	10.10

第六章　推进工业用地绩效评估与产业布局优化建议

一、完善工业用地调查与绩效评估工作机制

（一）开展工业用地调查年度更新

一是建立工业用地管理信息定期更新机制。以工业用地调查数据库为基础，建立工业用地调查与土地供应、土地二级市场交易、规划许可审批、不动产登记等工作的实时衔接机制，并与国土变更调查工作充分结合，开展工业用地调查年度更新，保持工业用地调查数据库的现势性。二是充分发挥信息化工具操作便捷、规范性强、返工率低的优势，进一步推进产业用地调查服务平台与工业用地绩效管理系统建设，提高平台数据处理、汇总分析与成果展示能力，实现调查、分析、展示“一站式”实现功能，推进省、市、县三级共享共用，将工业用地利用情况调查工作与城镇低效用地再开发、开发区土地集约利用监测统计工作统筹谋划，有效支撑全省产业用地精准管理。

（二）畅通数据共享渠道，提升成果质量与应用价值

工业用地信息涉及发改、工信、自然资源、生态环境、市场监管、税务、统计等诸多部门，一直以来，部门之间涉企涉地信息交流不畅，长期处于各自为战的局面，导致工业用地企业管理、用地管理处于散乱无序的状态。通过建立工业用地利用情况调查评估、“亩产效益”综合评价改革制度，结合数字山东建设，畅通省级部门涉企数据共享渠道，依托省一体化大数据平台深化数据资源汇聚，共享市场主体登记及监管信息、经济运行统计分析数据等资源，建立健全数据共享共用机制，积极推进工业用地共享数据库建设，充分发挥数字赋能作用。

二、优化工业用地管理体制与管理方式

（一）健全工业用地全生命周期管理体制

一是完善工业用地供应政策。细化不同产业类型工业用地供应管理，建立战略性新兴产业、生产性服务业等新产业、新业态土地供地激励政策，完善控制标准，强化新供应土地的控制标准。二是强化建设用地批后监管。加强对建设用地实时实地监控，严格落实土地动态巡查制度，强化全流程监督，加强建设用地全程跟踪管理，加快推进已供建设用地开发利用进度。三是强化工业用地绩效评估。与亩产效益评价工作相结合，探索完善低效

工业用地识别机制。四是健全“增存挂钩”机制。加大批而未供和闲置土地处置力度，继续完善低效用地再开发支持政策，向资源存量要发展增量，持续推进工业用地节约集约高效利用。五是持续完善建设用地二级市场。充分发挥山东省土地市场网平台作用，健全交易规则，畅通信息渠道。

（二）推进存量工业用地集聚发展

一是科学划定工业集聚区范围。因地制宜划定工业用地保障线，突出产业功能定位和用地布局优化，引导工业向园区集中集聚。二是推进工业集聚区范围外工业用地减量化。探索建立工业集聚区范围外存量工业用地减量化实施路径，以低效用地盘活为突破口，与新旧动能转换产业转型升级和农村散乱污工业治理相衔接，逐步提升工业用地进区入园率，持续推进工业用地布局优化。三是重点对沿黄重点地区工业用地及园区布局进行深入分析，研究沿黄重点地区国土空间用途管制与产业负面清单管理制度，对不同行业实施差异化的管理政策，实现建设用地布局更优化，产业更高端，资源利用更高效，生态环境可持续，真正落实黄河流域生态保护和高质量发展战略。

三、促进产业结构升级与布局优化

（一）优化产业结构，促进产业集群发展

产业结构的变化必然带来产业用地的调整，并最终导致工业用地在空间上的集散。应加强产业结构优化，通过政策对产业发展加以引导，实行优扶劣汰的机制，形成产业集聚群。注重按照产业门类、产业链定向招商，形成规模适当的产业集群，加强产业合作，从而降低社会成本，提高企业效益。同时，应充分利用优越的区位条件，加大引进和发展高新技术产业的力度，提高高新技术产业用地比例，做大做强高新技术产业群。积极发展经济效益高、环境污染小的高新技术产业，培育有发展前景的高附加值产业，引导基础较差、后劲不足的小型企业转型升级或退出市场。繁荣发展园区经济，营造企业入驻、关联产业集聚发展的良好外部环境，接通和延伸园区内外的产业链环，增强入园企业技术经济联系的紧密性，优化城市产业布局。

（二）实施差异化发展战略，提升区域协调发展水平

依据不同区域产业集聚和经济发展环境的实际情况，合理规划产业布局，制定差异化的发展战略，避免出现“一刀切”的现象。产业集聚与经济高质量发展水平较高，但是关联性较弱的地方，要以提高经济质量为目标，强化地区产业集聚发展，依托高级资本要素延伸高端产业，实现城市功能升级，并且适度分散集聚不经济的低端制造业；产业集聚对经济高质量发展的影响较大，应继续保持该发展趋势，并且注重地区创新发展，进一步提升产业发展层次；产业集聚与经济发展水平较差的地区，未来要在产业承接的基础上，将原先的产业集聚优势与创新能力融合发展，加强优势产业的深加工，形成地区独特的发

展网络，推动区域经济高质量发展。强化政府支撑投入，围绕资源整合、优势互补、技术共享等体制机制建设，建立联合创新网络体系、协同创新体系与基础设施体系，降低要素空间转移成本和产品运输成本，促进要素和产品的城际流动，增强产业关联，推动要素和产品在更大空间范围内自由流动，拓展要素“循优推移”的回旋空间，提升产业协同集聚的深度与广度，为高质量发展构筑良好的外部环境。

参考文献

阿朗索，2007. 区位和土地利用：地租的一般理论［M］. 北京：商务印书馆.

班茂盛，方创琳，刘晓丽，等，2008. 北京高新技术产业区土地利用绩效综合评价［J］. 地理学报，63（2）：175-184.

曹建海，2001. 我国土地集约利用基本思路［J］. 地域研究与开发，20（3）：67-74.

曹建海，2006. 我国工业性土地利用与土地政策［J］. 中国发展观察，5（10）：10-12.

曹文慧，赵小风，黄贤金，等，2016. 江苏省不同类型工业企业土地集约利用与影响因素［J］. 地域研究与开发，35（3）：104-108+113.

陈基伟，2012. 深入推进上海工业用地二次开发对策研究［J］. 科学发展（11）：90-99.

陈宇萍，2016. 无锡市北塘区工业用地绩效评价及退出机制研究［D］. 南京：南京农业大学.

陈昱，陈银蓉，马文博，2013. 湖北省工业用地集约利用综合评价：基于365家典型工业企业的问卷调查［J］. 自然资源学报，28（1）：73-80.

大卫·李嘉图，1997. 政治经济学与赋税原理［M］. 郭大力，王亚南，译. 北京：商务印书馆.

费罗成，吴次芳，程久苗，等，2013. 资源城市转型期工业用地集约利用评价：以枣庄市为例［J］. 城市问题（2）：29-36.

郭贯成，任宝林，吴群，2009. 基于ArcGIS的江苏省金坛市工业用地集约利用评价研究［J］. 中国土地科学，23（8）：24-30.

侯百曙，许亮，2011. 关于加强工业用地批后监管的政策研究与对策建议［J］. 浙江国土资源（2）：41-43.

黄金升，陈利根，张耀宇，2015. 基于评价指标性状差异的工业用地集约利用评价研究：以义乌市为例［J］. 资源科学，37（4）：680-689.

贾宏俊，黄贤金，于术桐，等，2010. 中国工业用地集约利用的发展及对策［J］. 中国土地科学，24（9）：52-56.

江苏省国土资源厅，2016. 面向新常态的节约集约用地战略体系：江苏省“双提升”行动理论与实践［M］. 北京：中国大地出版社.

金程，侯玉柱，胡从文，2016. 工业用地绩效综合评价及增效对策研究：以南通市海门区为例［C］// 中国城市规划学会，成都市人民政府. 面向高质量发展的空间治理：2021中国城市规划年会论文集. 北京：中国建筑工业出版社.

李文博，王冬艳，李红，等，2016. 城市土地利用类型与行业单位空间布局关系研究：以吉林省通化市中心城区为例［J］. 资源科学（1）：41-49.

李晓华，2012. 产业转型升级中落后产能淘汰问题研究［J］. 江西社会科学（5）：12-18.

刘慧，2013. 基于土壤环境影响的工业用地绩效评估体系构建［J］. 上海国土资源，34（3）：42-47.

马涛，2008. 产业规划：城市产业用地集约利用实现途径及其经济机理分析：基于土地空网特性的视角［J］. 上海交通大学学报（哲学社会科学版）（64）：75-80.

孟鹏，郝晋珉，周宁，等，2014. 新型城镇化背景下的工业用地集约利用评价研究：以北京亦庄新城为例［J］. 中国土地科学，28（2）：7

起玉林，2014. 产业经济学原理及案例［M］. 北京：中国人民大学出版社.

史逊，邵卫东，2017. 县域工业用地绩效评价：基于扬州市江都区工业用地调查成果［J］. 中外企业家，30：229-232.

王梅，曲福田，2004. 昆山开发区企业土地集约利用评价指标构建与应用研究［J］. 中国土地科学，34（6）：22-27.

威廉·配第，1978. 政治算术（中译本）［M］. 北京：商务印书馆.

威廉·配第，2010. 赋税论［M］. 马妍，译. 北京：中国社会科学出版社.

亚当·斯密，1972. 国民财富的性质和原因的研究［M］. 郭大力，王亚南，译. 北京：商务印书馆.

张洪，张晓娟，樊玉杰，2017. 云南坝区工业用地集约利用控制指标研究［J］. 经济地理，37（5）：7.

赵波，2005. 新型工业化时期区域主导产业的选择研究：以湖北省制造业主导产业的选择为例［D］. 武汉：华中师范大学.

赵小风，黄贤金，严长清，等，2011. 基于 RAGA-AHP 的工业用地集约利用评价：以江苏省开发区为例［J］. 长江流域资源与环境，20（11）：1315-1320.

周杨，张军连，李林，等，2014. 基于宗地层次的合肥市产业用地集约利用评价［J］. 中国人口·资源与环境，24（7）：140-148.

朱剑农，1984. 马克思主义地租理论的创立、发展和当代地租问题［J］. 经济研究（1）：8.

TANG D，HUANG X J，2008 . Influencing Factors of the Levels of Intensive Use of Typical Industrial Land［J］. China Population，Resources and Environment，18（3）：54-57.

MENG Y ，ZHANG F R，AN P L ，et al，2007. Industrial land-use efficiency and planning in Shunyi，Beijing［J］. Landscape and Urban Planning，85（1）.